KB076266

신화영화관

사랑하는 나의 아버지께

신화영화관

초판 1판 펴낸 날 2024년 6월 20일

지은이 | 김윤아
펴낸이 | 김삼수
펴낸곳 | 아모르문디
등 록 | 제313-2005-00087호
주 소 | 서울시 마포구 월드컵북로5길 56, 401호
전 화 | 070-4114-2665
팩 스 | 0505-303-3334
이메일 | amormundi1@daum.net

ISBN 979-11-91040-38-8 03680

신화영화관

김윤아 영화평론집

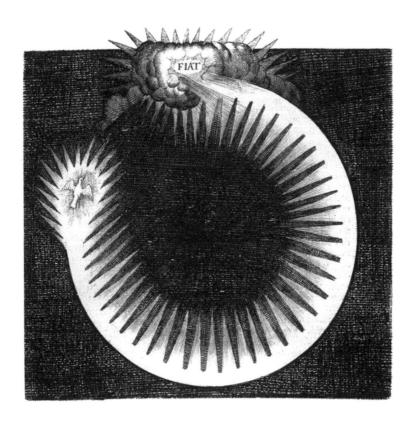

아모르문디

저자 서문

제 자신을 신화 공부하는 사람이라고 여기며 살아온 시간이 꽤 되었습니다. 누가 저더러 전문가냐고 묻는다면, 글쎄요, 아직도 세상에는 제가 알지 못하는 신화가 많다는 것 정도는 알게 된 것 같습니다. 지구상에 존재했던 인간 집단의 세계관과 정체성이 집적된 것이 신화일진대, 어찌 그것을 다 알 수 있을까요? 이리 기웃 저리 기웃하며 여태도 헤매고 있다는 것이 솔직한 이야기입니다.

제 전공 영역은 영화와 애니메이션 이론입니다. 이야기와 이미지가 만나는 영화를 공부하기 시작하면서부터 알지 못하고 보이지 않는 다른 세계를 넘나드는 스케일이 큰 영화들이 좋았습니다. 장르적으로 보면 멜로드라마나 코미디, 뮤지컬 같은 인간이 중심에 있는 이야기들보다 호러나 판타지에 더 매력을 느꼈습니다. 현실과 환상을 넘나드는 이야기들과 세대를 망라하는 엄청난 서사가 흘러가는 스펙터클한 이야기들에 열광했습니다. 그런 성정이었으니 자연스럽게 신화와 만나는 영화들을 눈여겨보게 되었고 무엇보다 신화 공부가 재미있었습니다.

천둥의 신이 번개를 집어 던지고, 무시무시한 귀신이나 괴물들이 튀어나오고, 인간이 아닌 다른 종과 사랑에 빠지고, 마법의 세계와 판타지가 공존하는 이야기들이 지금도 좋습니다. 그러다 보니 이미지와 이야기가 스펙터클하게 펼쳐지며 큼직한 삶의 얼개를 드러내는 영화들, 개인의 이야기를 하지만 신화적인 모티프들이 녹아있는 영화들, 오래전 읽었던 상상 속의 신화 장면들이 스크린 위에 펼쳐지는 영화들이 어느새 저의 세부 전공이 되었습니다. 물론 우연히 그리된 것은 아니었고, 저에게 주어진 기회와 계기가 있었습니다.

2000년 건국대학교에서 '신화와 영화'라는 과목을 강의하기 시작하면서 영화가 전공인 사람이 신화를 본격적으로 공부하기 시작했습니다. 얼마나 방대한지 알지 못한 채 마냥 즐거운 마음으로 드넓은 신화의 바다에 몸을 던진 것이었습니다. 그렇게 25년을 보내면서 그리스 신화밖에 잘 모르던 제가 여러 신화들을 접하게 되었습니다. 개별신화 전공자들보다 영화가 전공인 저는 상대적으로 몸이 가벼웠고 영화를 매개로 접근한 덕분에 이 신화 저 신화를 자유롭게 넘나들며 공부할 수 있었습니다. 신화와 영화가 만나 어떻게 현대 사회에도 여전히 강력한 힘을 발휘하는지도 알게 되었습니다. 신화 공부의 길은 여전히 멀고도 아득하지만, 중간 점검의 의미로 이 책을 엮었습니다. 책의 제목인 '신화영화관'은 신화를 보는 영화관(공간/장소), 혹은 인생관이나 세계관처럼 영화로 신화를 읽고 해석하는 관점(이론)이라는 책의 성격과 입장을 표현하고 있습니다.

『신화영화관』은 한 장마다 개별 영화로 시작해 관련 신화를 소개하고 분석하는 방식으로 전개하였습니다. 각각의 장은 독립적이어서 목차의 순서와 상관없이 읽으셔도 무방합니다.

오랜 기간 '신화와 영화'라는 과목의 강의를 진행하면서 2011년 강의 교재로 『신화, 영화와 만나다』(공저)를 출간했습니다. 이후 2015년 출판사가 바뀌면서 대폭 수정, 보완한 개정판을 냈습니다. 하지만 신화와 관련한 개별 영화들에 대한 설명은 늘 부족함을 느꼈고, 이제야 『신화영화관』을 세상에 내놓습니다. 2023년 월간 『우리시』의 한 코너로 연재했던 원고들을 손보고 몇몇 꼭지들을 새로 쓰며 전체를 구성했습니다. 각 꼭지마다 간략한 내용은 제가 참여하는 유튜브 채널인 씨네포커스 TV myth & movies 코너에서 다루었기에 아울러 소개합니다.

『신화영화관』이 나올 수 있는 계기를 만들어주신 월간 『우리시』 여국현 편집주간님과 책의 편집을 맡아주신 아모르문디 김삼수 대표님께 진심으로 감사드립니다. 저와 마찬가지로 신화와 영화에 큰 관심과 애정을 갖고 계실 독자님들께 많은 영감과 즐거움을 주는 유익한 책이 되기를 희망합니다.

2024년 5월
김윤아

차 례

1. 너의 운명을 사랑하라

〈그을린 사랑〉(2010)

아아, 모든 것이 이루어졌고 모든 것이 사실이었구나.

오오, 빛이여, 내가 그대를 보는 것도 지금이 마지막이 되기를!

나야말로 태어나서는 안 될 사람으로 태어나서

결혼해서는 안 될 사람과 결혼하고 죽여서는 안 될 사람을 죽였음이라.

— 소포클레스, 「오이디푸스 왕」 중에서

그리스 신화를 통틀어 비극적인 운명을 지닌 인물을 꼽아보라면 많은 사람들이 '오이디푸스 왕'을 가장 먼저 떠올릴 것 같습니다. 아버지를 살해하고 어머니와 결혼하여 자식을 낳은 패륜적인 운명을 끝끝내 마주하는 비극적 인물, 오이디푸스. 운명으로부터 도망쳤으나 한 발 한 발 참담한 진실에 다가서며 자신이 그 파국의 주인공이라는 끔찍한 결론에 도달합니다. 운명의 전말을 알게 된 오이디푸스는 차마 죽은 자들에게 죄스러워 죽지도 못한 채 자신의 눈을 찔러 장님이 된 후 황야를 방황했다고 하지요. 고대 그리스에서는 죽음의 순간을 '시선을 거두었다'고 표현했다 하니 스스로 눈을 찔러 맹인이 되는 행위는 말 그대로 죽음과 같은 형벌을 자신에게 내린 것입니다.

패륜적 운명의 대리자로서 오이디푸스가 저지른 일은 결코 용서받을 수 없는 일이었지만 인간적 고통과 수치심으로 몸부림치다 눈을 찔러 속죄하는 그 태도만큼은 자신의 운명을 의지로써 수용하는 아모르 파티(amor fati)의 가장 고결한 경지를 보여주었습니다. 그리스 비극의 대가 소포클레스의 「오이디푸스 왕」은 한때 테베의 영웅이었던 오이디푸스의 이야기를 그렇게 끝맺습니다. 그런데 오이디푸스 신화에는 잊혀진 비극적 운명의 주인공이 한 명 더 있습니다. 자신이 낳은 아들을 알아보지 못하여 남편으로 삼고 그의 자식을 낳아 키운 이오카스테 왕비입니다. 이 패륜적 운명이 이루어진 것을 확인하자마자 가련한 이오카스테 왕비는 목을 매어 자살하고 맙니다. 이오카스테 왕비는 다른 어떤 선택을 할 수 있었을까요?

드니 빌뇌브 감독의 2010년 작품 〈그을린 사랑 Incendies〉은 이오카스테 왕비와 같은 운명을 마주해야 했지만 다른 선택을 한 어느 강인한 여성에 관한 이야기입니다. 주인공 나왈 마르완은 유언 한마디 남기지 않고 자살로 생을 마감한 왕비와 달리 남은 자들에게 스스로 자기 운명을 찾아가는 여정에 나설 것을 요구합니다. 잠시 줄거리를 살펴볼까요? 캐나다의 레바논 이민자이며 공증인의 비서로 살고 있던 나왈은 어느 날 갑작스러운 죽음을 맞습니다. 영화는 그녀의 상사인 공증인이 나왈의 쌍둥이 자녀인 잔느와 시몽에게 죽은 엄마가 남긴 기묘한 내용의 유언장을 공개하면서 시작됩니다. 엄마의 유언은 죽은 줄만 알았던 아버지와 존재조차 몰랐던 형을 찾아 그들에게 써놓은 편지를 각각 전하라는 것이었습니다. 그 두 통의 편지를 당사자에게 전달하기 전에는 절대 장례를 치르지 말라는 첨언도 있었지요. 도무지 이해하지 못할 요청이었지만 잔느는 엄마의 유언대로 레바논으로 죽은 아버지를 찾아 떠나고 생각지도 못했던 엄마 나왈의 놀라운 인생역정을 따라가게 됩니다.

이오카스테의 운명을 받다

나왈의 비극은 무슬림 남자 와합을 사랑하면서 시작됩니다. 기독교도였던 오빠들은 무슬림인 와합을 살해하고, 임신 중이던 나왈도 오빠들에게 명예살인을 당할 뻔합니다. 다행히 할머니의 도움으로 아기를 낳지요. 할머니는 아기의 발뒤꿈치 세 곳을 바늘로 찔러 흉터를 만들고 나중에 아기를 찾을 때 그 표식을 확인하라고 합니다. 아기는 고아원으로 보내지고 나왈은 삼촌 집에서 대학을 다니게 되지만 나라 전체가 기독교도와 무슬림 사이의 참혹한 내전에 돌입합니다. 혼란의 와중에 나왈은 아이를 찾으려고 고아원을 찾지만 이미 폐허

불태워지는 무슬림 버스

가 된 그곳에 아이는 없었고 피난 가는 무슬림 버스를 얻어 타고 그곳
을 벗어나게 됩니다. 하지만 기독교민병대의 습격으로 어린아이까지
무참히 몰살당하고 가까스로 기독교인임을 증명한 나왈만 유일하게
살아남습니다.

　기독교도들의 만행을 경험한 나왈은 이슬람 무장단체에 가담해
기독교민병대의 지도자를 암살하는 임무를 수행합니다. 체포된 나왈
은 악명 높은 감옥에 15년을 갇혀 고문을 당하지만 '노래하는 여자'라
는 별명으로 불리는 굴복하지 않는 죄수, 감옥 속의 전설이 됩니다.
자신을 지속적으로 강간한 고문 기술자 아부 타렉에 의해 임신을 하
고 수감 중에 아이를 낳습니다. 영화에 묘사되지는 않지만 그 후 그녀
는 캐나다로 이주해 신분을 숨기고 살았던 것 같습니다. 딸 잔느에 이
어 아들 시몽은 형을 찾기 위해 나왈이 감옥에서 낳았다는 아이의 흔

적을 추적합니다. 그러나 엄마가 강간을 당해 낳은 아이가 한 명이 아니라 쌍둥이인 자신들이라는 것과 자신이 찾는 형이 바로 그 고문 기술자이자 아버지라는 믿지 못할 진실에 다다릅니다.

어느 날, 나왈은 딸 잔느와 함께 수영장에 갔다가 발뒤꿈치에 세 점의 흉터를 가진 남자를 우연히 보게 되었고, 그가 바로 자신을 강간했던 고문 기술자 아부 타렉임을 알아봅니다. 그렇게 가슴에 사무치던 잃어버렸던 첫째 아들이 바로 자신을 강간해 쌍둥이를 낳게 한 남자라는 진실을 마주한 그녀는 충격으로 말을 잃고 급기야는 죽음에 이르게 된 것이지요. 시몽은 수학자인 쌍둥이 누이 잔느에게 1+1은 1이 될 수 있느냐는 질문을 합니다. 영원한 사랑을 맹세했던 잃어버린 아이가 가장 중요했던 존재였다는 의미일까요? 인간의 운명이란 정답이 딱 떨어지는 수학이 아니라는 비유일까요? 그저 형과 아버지가 한 사람이라는 충격적 깨달음의 황망함일까요? 그 모두가 답이었을지 모르겠습니다. 그런데 더 놀라운 것은 나왈이 남긴 편지 속 그녀의 마지막 당부입니다. 왕비 이오카스테는 아무 말도 남기지 않고 조용히 자기 방으로 돌아가 자살을 택했지만, 강인한 여자 나왈은 비극적 운명의 피해자인 남은 자식들에게 '함께 하라'는 결코 쉽지 않은 당부를 남깁니다. 비록 나왈 자신은 그 비극적 운명에 직면하며 죽음에 이르지만 그 운명의 결과로 남은 세 사람이 서로를 중오하지 않고 사랑으로 파국을 극복하며 함께 하기를 원한 것이지요.

영화 〈그을린 사랑〉은 레바논 내전 당시 있었던 실화를 기반으로 화제를 모은 와이디 무아와드의 희곡 〈화염〉을 각색하여 만들어졌다고 합니다. 이 불가항력의 비극적 운명을 그린 영화의 내용을 알게 되

면 '그을린 사랑'이라는 영화 제목이 얼마나 낭만적이고 내용을 곡해
하게 만드는지 의아할 지경입니다. 분노와 고통으로 불타오르는 화
염이라는 단어와 불이나 햇빛에 '그을린'이라는 표현은 얼마나 멀리
있는지요. 아마 분노와 고통을 어루만지는 나왈의 당부가 격하고 비
참한 현실을 위로하려는 노래여서 그랬을까 생각해봅니다. 온갖 고
문과 굴욕적인 삶 속에서도 그녀는 '노래하는 여자'였고 엄청난 비극
적 운명도 그녀의 '함께 하라'는 당부 앞에서는 힘을 잃고 맙니다. 영
원히 사랑하는 첫아들이자 자신을 고문하고 강간했던 불행한 아들
아부 타렉까지도 가족으로 받아들이며 사랑으로 감싸 안는 피 흘리
는 모성은 쌍둥이 두 자녀에게도 그 어려운 길에 함께할 것을 요구한
셈입니다. 이 순간 나왈의 비극적 운명은 어느 한 개인의 것이 아니라
공동체의 것으로 확장됩니다. 누구의 의도나 개인의 잘못이 아닌 비
극을 그리지만 이 영화를 반전 영화로 해석하는 이들이 있는 이유도
여기에 있겠죠. 나왈의 초극적인 '운명애'(amor fati)는 개인의 고통
과 전쟁으로 인한 참상과 비극을 초월하여 경건하고 숭고한 신화의
차원으로 격상되는 듯합니다. 인간적 윤리와 도덕을 넘어서는 신성
한(sacred) 이야기가 신화라는 점에서 어머니와 결혼한 오이디푸스
왕의 이야기보다 아들과의 사이에서 쌍둥이를 낳았던 여자의 이야기
인 〈그을린 사랑〉은 더욱 신화적인 이야기로 완성되었습니다.

오이디푸스 신화를 변주한 영화들

루이 말 감독의 〈데미지〉(1992)와 피에르 파올로 파졸리니 감독의
〈오이디푸스 왕〉(1967)도 오래전 영화들이지만 오이디푸스 신화를

모티프로 하는 걸작들입니다. 〈데미지〉는 조세핀 하트의 동명 소설을 원작으로 제레미 아이언스와 줄리엣 비노쉬의 품격있고 우아한 불같은 사랑과 그 사랑의 허무함이 파도처럼 출렁이고 휘몰아치는 영화입니다. 오이디푸스적 구조를 가진 이 영화는 아들의 약혼녀와 거부하지 못하는 운명적 사랑에 휩쓸리면서 자신이 이룬 모든 것을 다 잃고 마는 한 남자를 그립니다. 사회적인 명망과 재력, 안정적이고 아름다운 가족을 모두 가진 남자 스티븐은 아들 마틴의 약혼녀인 안나를 만나 걷잡을 수 없는 사랑의 격랑 속으로 빠져들어 갑니다. 밀회 장소에서 열정적 사랑을 나누는 두 사람을 아들 마틴이 목격하고 뒷걸음질 치다가 추락사합니다. 바닥에 떨어져 죽음에 이른 아들을 향해 벌거벗은 채 계단을 뛰어 내려가는 아버지 스티븐의 모습은 아들이 아버지를 죽인 오이디푸스적 구도를 뒤집은 것이며 그 죄책감의 결정체를 보여줍니다.

죽은 아들을 안고 소리도 못 내며 절규하는 아버지를 뒤로 한 채 타인처럼 그곳을 빠져나가는 안나의 모습은 영화의 주제를 압축적으로 보여줍니다. 아들과 아버지 두 남자를 한꺼번에 사랑한 또 다른 이오카스테 왕비의 도도하고 냉정한 모습 같습니다. 어린 시절 자신을 사랑하다 죽은 친오빠를 회상하던 안나가 '상처받은 사람은 위험하다(All damaged people are dangerous), 왜냐하면 살아남는 법을 알기 때문'이라던 유명한 대사도 기억이 납니다. 하지만 이 영화의 가장 인상적인 장면은 모든 것을 잃고 야인으로 살아가는 스티븐이 이름 없는 소도시의 골목 어딘가에서 혼자 하루하루를 보내는 마지막 장면입니다. 아버지를 죽인 오이디푸스가 아니라 격정적 사랑 때문에

〈데미지〉의 마지막 장면

자기 아들을 죽인 라이어스 왕인 걸까요? 그러고 보니 라이어스 왕은 자기 아들 오이디푸스를 죽이라고 명령했던 비정한 아버지였습니다. 방의 한쪽 벽 전체를 다 채우는 커다란 흑백 사진 속에는 안나를 사이에 두고 죽은 아들 마틴과 자신이 서 있습니다. 낡은 나무 걸상에 앉아 사진을 바라보며 스티븐이 독백을 합니다. 히드로 공항에서 우연히 그녀를 봤다고. 아기를 안고 남편과 걸어가는 그녀는 다른 여자들과 다르지 않았노라고. 격정적 사랑과 그 사랑의 허무함, 인생의 회한과 쓸쓸함 같은 진한 파토스가 묻어나는 또 한 편의 세련되고 우아한 역작이 루이 말 감독의 영화 〈데미지〉입니다.

　이탈리아의 문제적 영화감독인 피에르 파올로 파졸리니의 1967년 작 〈오이디푸스 왕〉✦은 가장 드라이하지만 아마도 고대 그리스적 리얼리티를 가장 잘 보여주었던 영화라고 할 수 있습니다. 파졸리니 감

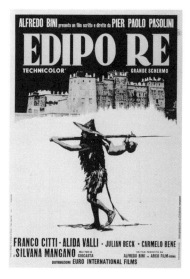
〈오이디푸스 왕〉(1967)

독의 〈오이디푸스 왕〉은 파시스트 정치군인이었던 아버지에 대한 적개심과 자신이 깊이 사랑했던 교사 출신 어머니와의 감독 자신의 관계를 투영한 작품입니다. 프로이트 정신분석학의 개념인 소년의 무의식적 심리를 설명하는 '오이디푸스 콤플렉스'를 암시하며 시작하는 〈오이디푸스 왕〉은 파졸리니의 영화가 지향하던 반파시스트적, 반종교적, 반귀족적인 성격을 드러내며 그가 금과옥조로 여기던 리얼리티를 구현한 걸작으로 평가받습니다. 특히 강렬하면서도 특이한 사막의 풍광들은 그 이미지 자체로 오이디푸스 왕의 심리를 드러내는 탁월한 장치로 사용되었습니다.

이오카스테 역의 배우 실바나 망가노의 연기도 아주 인상적이었는데 어머니이자 아내였던 이오카스테에 대한 오이디푸스의 깊은 사랑이 마음을 빼앗습니다. 목매어 죽은 어머니의 모습을 보자 자신의 눈을 찌르고 피를 철철 흘리며 장님이 된 오이디푸스에게 사람들이 모포를 걸쳐줍니다. 피할 수 없던 운명의 참담함이 메마른 도시의 풍경과 어우러지며 딸인 안티고네가 아니라 안젤로라는 이름의 아들을

✦ 피에르 파올로 파졸리니 감독의 〈오이디푸스 왕〉은 유튜브에서 영어 자막으로 전편 감상하실 수 있습니다.

데리고 피리를 불며 살풍경한 도시를 방랑하는 파졸리니의 〈오이디푸스 왕〉은 또 다른 현대적 비극으로 영화화되었습니다. 영화의 마지막에 그는 자신의 운명이 이제 종국에 다다랐음을 알게 됩니다. 고통을 극복하는 운명은, 이루어졌습니다.

유행가 가사로도 쓰여 자주 듣는 니체의 '자신의 운명을 사랑하라(amor fati)'는 아포리즘 속 운명이란 그저 내 앞에 펼쳐지는 보통의 평범한 운명은 아닌 것이 확실합니다. 아무나 초인(Übermensch 위버멘쉬)◆이 되는 것은 아니겠지요. 죽음보다 고통스러운 자신의 운명을 오로지 스스로의 의지로 초극하는 오이디푸스적 인간이 바로 위버멘쉬입니다. 〈그을린 사랑〉에서는 지옥의 화염에서 스스로를 구한 나왈, 〈데미지〉의 불타는 정념으로 모든 것을 다 잃은 삶을 담담하게 받아들이며 인생의 무상함을 깨닫는 스티븐, 덮을 수도 있었던 자기 운명으로 한 발 한 발 다가가 진실을 드러내며 스스로를 징벌하는 〈오이디푸스 왕〉의 주인공 오이디푸스는 아마도 니체가 말하는 초인의 전형이라 여겨집니다. 특히 〈그을린 사랑〉의 초인 나왈은 자식들이 스스로 운명을 극복하는 초인이 될 수 있도록 기회를 열어주었습니다. 문제는 끔찍하고 놀라운 운명 그 자체가 아니라 그 운명을 끌어안아 넘어서고 극복하려는 인간의 의지와 태도, 그것이 바로 아모르 파티의 본질이 아닐까요? 왜 그 끔찍한 운명에도 불구하고 오이디푸스를 영웅이라 칭하는지 알 수 있을 것 같습니다.

◆ 위버멘쉬 또는 위버멘슈(독일어: Übermensch)는 니체 철학의 용어입니다. 한국어로는 흔히 '초인'으로 번역되지만, 아예 인간을 벗어난 초능력자 등과 오인될 가능성이 있기 때문에 단어 그대로 쓰기도 합니다.

오이디푸스 왕의 비극적 운명

그리스의 도시국가 테베의 라이오스
왕과 이오카스테 왕비 사이에는 자
식이 없었다. 아폴론 신의 은총으로
아들을 낳지만 그 아기는 아버지를
살해하고 어머니와 결혼을 할 운명
을 타고난 아이였다. 아이의 이름은
오이디푸스(부은 발). 아폴론 신전
에서 패륜적 운명을 지닌 아기를 죽

이라는 신탁이 내려온다. 왕은 목동을 시켜 아기를 죽이라고 명
령하지만 그는 차마 아기를 죽이지 못하고 벌판에 유기한다. 버
려진 아기는 코린트의 목동에게 전해져 역시 자식이 없는 왕과
왕비의 양자가 되어 코린트의 왕자로 자라게 된다.

청년이 된 오이디푸스는 어느 날 우연히 자신의 운명을 알게 되
고 그 끔찍한 운명이 이루어질 수 없도록 코린트를 떠난다. 방랑
의 와중에 어느 삼거리에서 시비 끝에 노인을 한 사람 죽이게 된
다. 테베로 들어가는 길목에서 오이디푸스는 사람들의 왕래를
막던 괴물 스핑크스의 수수께끼를 풀게 된다. 스핑크스가 '아침
에는 네 발, 점심에는 두 발, 저녁에는 세 발로 걷는 것이 무엇인
가?' 하자, 오이디푸스는 '인간'이라고 바로 정답을 맞힌다. 자신
의 수수께끼를 인간이 맞추었다는 사실에 절망한 스핑크스는 강
물에 몸을 던져 죽는다. 테베의 골칫덩이 괴물인 스핑크스를 퇴

치한 오이디푸스는 유고 중인 라이어스 왕 대신 왕비 이오카스테와 결혼하며 테베의 왕으로 등극한다. 이오카스테와의 사이에 두 아들과 두 딸을 낳는다.

시간이 흘러 테베는 역병과 가뭄과 같은 극심한 재난이 끊이지 않는다. 오이디푸스 왕은 그 이유를 찾기 시작한다. 왕의 집요한 추궁에 장님 예언자 테이레시아스는 '같이 살고 있는 자식들의 형제이자 아버지이며, 낳아준 여인의 아들이자 남편이며, 아버지의 침대를 이어받은 자이자 아버지의 살해자'가 재앙의 원인이라고 말한다. 모든 수단을 동원해 그자가 누구인지 밝히는 집요한 과정에서 여러 신하와 왕비 이오카스테는 오이디푸스가 조사를 멈추기를 청하지만 오이디푸스는 그자를 끝까지 추적하여 그 범인이 다름 아닌 자기 자신임을 알게 된다. 이오카스테 왕비는 진실을 알고는 방으로 들어가 목을 매 자살을 하고 오이디푸스 왕은 스스로 눈을 찔러 장님이 된다. 딸 안티고네가 눈먼 오이디푸스를 이끌고 황야를 방랑한다.

2. 네 기쁨에 이른 너를, 나는 봅니다

〈타오르는 여인의 초상〉(2019)

　2019년 깐느 영화제에서 막판까지 봉준호 감독의 〈기생충〉과 그 랑프리를 다투었던 영화가 있습니다. 봉 감독의 영화가 한국 사회의 계층과 빈부격차에 대한 신랄한 묘사를 통해 보편성을 획득했다면, 셀린 시아마 감독의 〈타오르는 여인의 초상〉은 표면적으로는 시대적 한계를 넘어서지 못했지만 그 어떤 사랑보다 더 깊고 아픈 불멸의 사 랑을 나누고 간직한 여자들의 이야기를 그려내며 주목을 받았습니 다. 무엇보다 이 영화는 그리스 신화의 오르페우스와 에우리디케의 안타까운 사랑 이야기를 핵심적 모티프로 변주하며 두 여인의 불멸의 사랑을 소리와 이미지가 교차하는 격정적인 한 편의 아름다운 태피스트리로 엮어놓았습니다.

화가인 마리안느가 결혼 초상화를 그리기 위해 백작 부인의 집에 도착합니다. 백작 부인은 딸이 모르게 초상화를 주문하고 딸 엘로이즈에게는 마리안느를 새로 온 이야기 친구라고 소개합니다. 원치 않는 결혼을 앞두고 있던 언니의 자살로 상심하고 자신도 같은 처지가 될 것을 낙담하던 엘로이즈는 이야기 친구 마리안느와 산책을 하며 마음을 터놓게 되고 두 사람 사이에는 미묘한 감정의 흔들림이 생깁니다. 그러나 비밀리에 초상화를 그려나가던 마리안느가 엘로이즈에게 자신이 화가임을 밝히자 엘로이즈는 그림 속의 주인공은 본인이 아니라고 말합니다. 마리안느는 거의 완성된 첫 번째 초상화의 얼굴을 뭉개버립니다. 초상화를 망친 마리안느에게 엘로이즈는 자신이 포즈를 서겠다고 합니다. 백작 부인은 마리안느에게 초상화를 다시 완성하라며 닷새간 여행을 떠납니다. 모델을 서는 엘로이즈를 마주하며 마리안느가 초상화를 다시 그리기 시작하자 두 사람 사이의 사랑은 더욱 애틋하고 격정적으로 피어납니다. 아무도 없는 저택에서 하녀 소피, 귀족 아가씨 엘로이즈, 화가 마리안느는 함께 먹고 마시고 놀면서 평등한 관계로 닷새를 지냅니다. 계급도 성적 지향도 사회적인 제도나 시선, 그 어느 것도 그녀들에게 문제가 되지 않았습니다.

여성이 책을 읽는다는 것, 서로 담배를 나누어 피운다는 것, 낙태를 공모하는 일, 그리고 그것을 그림으로 기록해놓는 일, 계급과 상관없이 일상을 공유하는 가부장제의 해방구 안에서 그녀들은 닷새

동안 최대한의 자유를 누립니다. 모닥불을 피워놓고 손뼉을 치며 노래하는 여자들의 해변가 밤 축제를 구경갔다가 엘로이즈는 자신의 치맛자락에 불이 붙어 타오르는 줄도 모르고 연인 마리안느를 응시합니다.

영화의 첫 장면에서 마리안느의 어린 학생이 제목을 묻는 그림이자 영화의 제목이기도 한 '타오르는 여인의 초상'이 바로 이 순간의 엘로이즈의 모습을 포착한 장면이지요. '타오르는 여인'이라는 제목은 마치 그녀들의 사랑과 숨겨진 정열, 다른 사람의 눈에는 보이지 않는 정념 같은 것들을 내포하고 있었을 것입니다. 그녀들은 오르페우스와 에우리디케의 신화를 소리 내어 함께 읽습니다. 그리고는 왜 오르페우스가 명계(冥界)의 신 하데스의 금기에도 불구하고 뒤를 돌아보았을까에 대해 격렬하게 토론합니다. 그들의 토론은 이 영화를 관통하는 핵심주제인 동시에 왜 오르페우스가 금기를 어기며 따라오는 아내 에우리디케를 돌아보았을까에 대한 영화적 답변이기도 합니다.

오르페우스와 에우리디케의 사랑

독사에 물려 죽은 사랑하는 아내 에우리디케를 저승으로 찾으러 간 오르페우스는 아름다운 음악으로 저승을 지배하는 신 하데스를 감동시켜 아내를 데려가도 좋다는 허락을 받습니다. 하지만 하데스는 이승에 도달할 때까지 뒤를 돌아봐서는 안 된다는 금기를 부여합니다. 저승의 끝자락에서 오르페우스는 아내가 잘 따라오고 있나 불안한 마음에 뒤돌아보고 맙니다. 하데스 신의 금기를 위반하는 순간

'오르페우스와 에우리디케'(에드워드 존 포인터, 1862)

에우리디케는 다시 저승으로 끌려가게 됩니다. 안타깝게도 그들은 이승과 저승으로 영원히 헤어지고 맙니다.

음악의 영웅 오르페우스에게 소리는 허락되지만 시선은 허락되지 않았습니다. 에우리디케가 따라오고 있는지 물어볼 수는 있었지만 눈으로 보아서는 안 되는 것이었지요. 그런데 왜 그랬을까요? 고대 그리스에서 죽었다는 관용적 표현을 '시선을 거두었다'고 말하기 때문일까요? 에우리디케는 이미 죽은 사람이라 이승의 경계를 넘기 전에는 모습을 드러내지 않았어야 했을까요?

그리스 신화에는 보아서는 안 된다는 시선에 대한 금기✦가 유독 많습니다. 신들은 최초의 여자 판도라에게 상자를 선물로 주면서 열어보지 말라고 합니다. 그런데 열어보았습니다. 그리하여 인간 사회의 온갖 재앙과 고통이 튀어나와 세상에 퍼지고, 상자 속에는 희망만 남았다고 합니다. 봐서는 안 되는 아르테미스 여신의 알몸을 훔쳐보았던 악타이온은 수사슴으로 변해 갈가리 찢겨 죽기도 합니다. 물에 비친 자신의 얼굴을 보고 반한 미소년 나르키소스도 죽음에 이릅니다. 근친상간의 금기를 범한 오이디푸스는 자신의 눈을 찔러 스스로 장님이 되었습니다. 그리스 신화는 아니지만 '뒤돌아보지 말라'는 금기는 성경 속 소돔과 고모라를 떠나는 롯의 가족에게 주어진 금기이기도 합니다. 금기를 어기고 불타는 소돔과 고모라를 돌아보았던 롯의 아내는 소금기둥이 되고 맙니다.

삶과 죽음을 갈랐던 이 연인 간의 시선 문제가 이 영화에서는 서로의 사랑을 완성해 가는 중요한 장치로 작동합니다. 처음에는 서로의 시선을 피하던 두 사람이 점점 더 마주 바라보게 되고 초상화의 포즈를 취하면서 정면으로 상대를 응시합니다. 다른 곳을 바라보던 시선이 서로를 향하게 되는 과정이 두 사람의 사랑이 절정으로 향하는 과정입니다. 엘로이즈가 포즈를 취하면서 '당신이 나를 보고 그릴 동안 나는 누구를 보겠느냐'고 묻습니다. 마리안느가 비밀스럽게 자신을 훔쳐보면서 기억에 의지해 그렸던 첫 번째 초상화에 대해 엘로이즈가 '저것은 내가 아니'라고 말한 이유일 것입니다. 일방의 시선

✦ 금기는 한 공동체가 지나치게 혐오스럽거나 불쾌하거나 신성해서 금지 또는 회피하는 말이나 행위라고 할 수 있습니다. 그러나 신화에서의 금기(터부 taboo)는 사회적인 금지나 회피, 혹은 불법보다 더 강한 인식입니다. 근친상간이나 동족 살해의 금기와 같은 신화적 금기는 공동체의 존속을 위협한다고 여겨집니다. 이러한 금기를 위반했을 때는 사회적으로 강력한 제재와 배제, 추방 등이 따릅니다.

엘로이즈와 마리안느

은 사랑을 이룰 수가 없다는 의미일 테지요. 그렇게 똑바로 시선을 마주하게 된 그녀들은 동성애를 절대로 인정하지 않던 시대적 금기와 한계를 자기들 방식으로 넘어섭니다. 함께 도망을 가거나 다른 방식으로 저항을 하는 것이 아니라 서로를 영원히 가슴에 품고 헤어집니다. 닷새 뒤 완성된 초상화는 엘로이즈의 혼처로 보내지고 그들은 헤어집니다.

우리는 언제, 왜 돌아보는가?

오르페우스 이야기는 영화의 중반 두 사람 사이의 논쟁거리로 처음 등장합니다. 과연 오르페우스는 왜 돌아봤을까요? 이 두 사람의 논쟁 속에서 그들 사랑의 본질이 드러납니다. 화가인 마리안느는 오르페우스가 헤어질 것을 알면서 돌아봤을 것이라고 합니다. 그가 선택한 것은 사랑이 아니라 예술이라는 것이죠. 그가 돌아봄으로써 오르페우스와 에우리디케의 이야기는 보통의 사랑이 아니라 영원히 예술적 완성의 순간으로 남는다는 의미로 해석됩니다. 마리안느는 그 돌아봄이 예술가였던 음악의 신 오르페우스의 선택이었다고 주장합니다. 반면, 엘로이즈는 에우리디케가 먼저 오르페우스를 불렀을 거라고 합니다. 뒤돌아보라는 에우리디케의 간절한 부름에 오르페우스가 헤어질 것을 알면서도 뒤돌아봤다는 것입니다. 논쟁은 끝이 나지만 이들이 헤어지는 날 똑같은 상황이 벌어집니다.

초상화가 완성되고 백작 부인에게 대금을 지불받은 마리안느가 엘로이즈에게 마지막 포옹을 하고 짐을 싸 떠납니다. 급히 계단을 내려가는 마리안느를 뒤쫓아온 엘로이즈가 그녀를 부릅니다. '뒤돌아봐요.' 엘로이즈의 목소리에 마리안느는 잠시 멈칫하더니 뒤를 돌아봅니다. 하얀 웨딩드레스를 입은 엘로이즈가 환영처럼 서 있고 다음 순간 검은 문이 닫힙니다. 암전. 그렇게 엘로이즈는 하데스의 명계, 기존의 질서 속으로 돌아간 것입니다. 제도와 운명을 거스를 수 없었던 시대적 상황에서 엘로이즈는 그렇게 헤어짐의 순간을 영원히 각인하고 싶었던 것 같습니다. 마리안느는 엘로이즈를 다시는 만나지 못할 것을 알기에 돌아보았을 테고요. 그녀들은 그렇게 오르페우스와 에우리디케처럼 헤어지고 맙니다. 서로에 대한 애틋한 시선을 나누는 이승에서의 만남은 영영 이루어지지 않습니다.

하지만 그녀들은 비발디의 사계 중 '여름'을 통해 사랑을 확인합니

〈타오르는 여인의 초상〉의 한 장면

다. 이번에는 시선이 아니라 소리로 만납니다. 신화 속의 두 사람, 에
우리디케는 명계를 벗어나며 오르페우스의 뒷모습을 따라 걸었을
것입니다. 소리로는 남편에게 말을 걸 수 있었지만 그리운 얼굴, 사
랑의 눈길을 마주하지는 못했습니다. 영화 속에서 엘로이즈는 처음
오르간 의자에 나란히 앉아 마리안느가 치는 '여름'의 주선율을 듣습

니다. 앞부분을 치던 마리안느는 음악은 말로 설명할 수 없다며 언젠
가 음악회에 가서 직접 들으라고 합니다. 그러면서 서로 눈을 마주보
며 마음을 열었습니다. 비발디의 '여름'의 아름다운 선율로 두 사람이
교감을 한 것입니다. 이 '여름' 2번 3악장은 영화의 마지막에 격정적
으로 다시 등장합니다.

헤어진 후 오랜 시간이 흘러 마리안느가 그림 전시회를 합니다. 여
러 화가들의 그림이 걸려 있는 가운데 마리안느는 오르페우스와 에
우리디케가 헤어지는 순간을 그린 그림 앞에 서 있습니다. 그녀의 그
림입니다. 그리고 마리안느는 전시된 다른 화가의 그림 속에서 행복
해 보이는 엘로이즈와 그녀의 아이가 모델인 그림을 발견합니다. 그
림 속 환한 표정의 엘로이즈는 책을 한 권 손에 들고 살짝 페이지 번
호만 보이게 포즈를 취하고 있습니다. 28쪽. 그녀들만의 비밀이 그려
진 페이지입니다. 두 사람이 사랑을 나누고 난 후 엘로이즈는 마리안
느에게 네 모습을 그려달라고 합니다. 마리안느는 엘로이즈의 성기
에 작은 거울을 기대 세워두고 그 안에 비친 알몸의 자기 모습을 책의
28쪽 여백에 그려주었습니다. 두 사람 사이의 사랑의 징표 같은 그림
이었던 것입니다. 대담하게도 그림 속 엘로이즈는 그 책의 28쪽을 가
리키며 자신의 변치 않는 사랑을 마리안느에게 발신하고 있었습니
다. 그 전시회의 어느 누구도 그 페이지의 비밀을 알지 못했지만 서로
만나지 못하는 두 사람의 사랑은 그렇게 확인이 됩니다. 행복한 표정
을 짓고 있는 그림 속 엘로이즈를 보며 마리안느는 미소를 짓습니다.
영화는 사운드와 이미지로 이 두 여인의 불멸의 사랑을 아름답게 직
조해냅니다. 영화는 소리와 이미지가 조화를 이루며 움직이는 음영

28쪽의 비밀

서사입니다. 그런 의미에서 〈타오르는 여인의 초상〉은 우아하고 아름다운 영화적 경지에 이르렀다고 할 수 있는 작품입니다.

마리안느는 혼자 비발디의 사계를 연주하는 음악회에 갑니다. 그녀의 시선에 들어온 것은 역시 홀로 공연을 보러 온 엘로이즈입니다. 2층 건너편에 앉은 엘로이즈는 마리안느가 자신을 보고 있다는 사실을 전혀 알지 못합니다. 마치 자신을 보지 못하는 오르페우스를 따르는 에우리디케의 시선처럼 느껴집니다. 비발디의 사계 중 〈여름〉 2번 3악장의 바이올린 선율이 열정적으로 연주됩니다. 엘로이즈는 그 음악을 들으며 환희의 눈물을 흘립니다. 그것은 사랑을 잃어버린 후 슬퍼하며 흘리는 불행한 눈물이 아닙니다. 말로 설명할 수 없는 음악을 감격에 겨워 눈물 흘리며 듣고 있는 엘로이즈를 마리안느가 바라봅니다. 마리안느의 시선은 엘로이즈를 보고 있고, 엘로이즈는 자신들의 불멸의 사랑 같은 비발디의 여름을 듣고 보면서 눈물을 흘리고 있습니다. 두 사람은 결코 시선을 마주하지는 않았지만 불멸의 사랑을 느낍니다.

이 마지막 장면은 말라르메의 시를 인용했던 알랭 바디우의 『사랑예찬』 마지막 문장을 떠오르게 합니다. "물결 속에서 발가벗은 네 기쁨에 이른 너를 '나는 봅니다.'" 사랑하는 사람이 기쁨에 겨워하는 것을 바라보는 순간이 온전한 사랑의 완성점일 것 같습니다. 시대의 규칙과 관습과 이념을 넘어 삶과 죽음마저 떨쳐내는 영원한 사랑이 있다면 이런 것이 아닐까요? 오르페우스와 에우리디케의 마지막 이별을 불멸의 사랑으로 변주하는 영화가 셀린 시아마 감독의 〈타오르는 여인의 초상〉입니다.

3. 크리스마스의 목베기 게임

〈그린 나이트〉(2021)

"가장 용맹한 자,

나의 목을 내리치면 명예와 재물을 주겠다."

— 영화 〈그린 나이트〉 중에서

데이빗 로워리 감독의 〈그린 나이트 Green Knight〉(2021)는 아더 왕의 기사들 중 가장 이상적인 기사로 불리는 가웨인 경의 모험을 그린 영화입니다. 〈그린 나이트〉는 중세 영국 로망스 문학의 백미로 꼽히는 『가웨인 경과 녹색 기사 Sir Gawain and the Green Knight』를 현대적으로 각색하고 재해석한 작품으로 원작의 기독교적 성격을 최소화하고 웨일즈 켈트 신화의 흔적이 짙게 배어 나오는 매력적인 수수께기 같은 영화입니다.

이야기는 크리스마스에 시작됩니다. 크리스마스 아침을 유곽에서 맞은 가웨인은 어머니 대신 아더 왕의 성탄 축하 만찬에 참석하게 됩니다. 그 자리에 난데없이 녹색 기사가 찾아와 기사들을 향해 크리스마스 게임을 시작하겠다고 합니다. 그의 제안은 이 자리에서 자기 목을 자르는 사람에게 부와 명예를 주겠다며 받아들일 자가 있으면 나서라고 하지요. 게임의 조건은 정확히 일 년이 지난 후 자기에게 목을 내놓으러 녹색 예배당으로 찾아오라는 것이었습니다. 그러니까 게임의 룰은 이에는 이, 눈에는 눈처럼 목에는 목으로 등가교환을 하자는 것이었습니다. 황당한 제안에 어느 한 기사도 나서지 않고 있는데 내세울 무용담이 없어 의기소침해 있던 가웨인이 불쑥 나섭니다. 가웨인은 왕의 검을 받아 녹색 기사의 목을 치고, 목이 떨어진 녹색 기사는 잘린 자신의 머리를 들고 일 년 뒤를 기약하면서 말을 타고 그 자리를 떠납니다.

그로부터 1년 뒤 가웨인은 게임의 룰에 따라 목베기 게임을 완수하기 위해 녹색 예배당을 찾아 모험을 떠납니다. 여정 중에 길을 가르쳐주던 강도 소년에게 봉변을 당하기도 하고, 목 잘린 소녀 위니프레드의 잘린 머리를 호수에서 찾아주기도 합니다. 녹색 예배당에서 가깝다는 버틸락 성에 도착해서는 성주 부부에게 극진한 대접을 받으며 시간을 보냅니다. 성주는 녹색 예배당은 한나절이면 도착하는 멀

아더 왕의 만찬장을 찾아온 녹색 기사

지 않은 곳이라며, 가웨인에게 선물 교환 게임을 제안합니다. 자신이 성 밖에서 하루 동안 얻은 것과 가웨인이 성 안에서 하루 동안 얻은 것을 서로 교환하는 게임이었습니다. 성주는 사냥을 나가고 가웨인은 성주 부인에게 유혹을 당합니다. 첫날은 성주가 잡은 숫사슴과 가웨인이 받은 성주 부인의 키스를 교환합니다. 둘째 날은 성주가 사로잡은 붉은 여우와 성주 부인의 키스를 다시 교환합니다. 하지만 가웨인은 성주 부인에게 받은 불멸의 녹색 벨트는 내주지 않았습니다. 그 녹색 벨트는 차고 있으면 어느 누구도 해치지 못한다는 마법의 벨트였습니다. 녹색 기사에게 죽고 싶지 않았던 것이지요.

그렇게 버틀락을 떠나 가웨인은 약속대로 1년이 되는 날 아침 녹색 예배당에 도착합니다. 가웨인이 녹색 기사에게 목을 들이밉니다. 첫 번째 도끼날에 가웨인은 두려워 달아납니다. 집으로 돌아간 가웨인은 왕위를 계승하고 사랑하던 여인 에셀에게서 아이를 얻지만 신분이 달랐던 그녀에게서 아이만을 빼앗고 명망 있는 가문의 여자와 결혼을 합니다. 하지만 시간이 흘러 사랑하는 아들은 전투에 나가서 죽고, 왕국은 쇠락의 길로 접어듭니다. 아더 왕을 계승했던 가웨인은 몰락하고 가족도 모두 떠나 혼자가 됩니다. 비로소 허리에 찼던 녹색 벨트를 푸는 순간 그의 목이 떨어져 바닥을 구릅니다. 이 장면은 환상 장면으로 보입니다. 십자가에 매달린 예수 그리스도가 막달라 마리아와 결혼해 평범하고 행복한 삶을 영위하는 니코스 카잔차키스의 소설 『그리스도 최후의 유혹』의 후반부가 떠오릅니다. 동명의 영화가 마틴 스콜세지 감독에 의해 제작되어 센세이션을 불러일으키기도 했었지요. 로워리 감독의 의도가 엿보이는 영화적 각색 장면입니다. 장면은 다시 녹색 기사 앞에 목을 내놓으려는 가웨인으로 돌아갑니다. 자신의 상상을 보고 난 가웨인은 도끼날을 내려치려는 녹색 기사에게 잠깐 기다려 달라고 하고는 성주 부인에게 받은 불멸의 녹색 벨트를 풀어놓습니다. 마치 마지막까지 지니고 있던 삶의 욕망을 다 내려놓는 것 같습니다. 녹색 기사는 그를 칭찬하며 '네 머리를 자르겠다'고 합니다. 영화는 여기서 끝이 납니다.

가웨인은 살았을까요, 죽었을까요? 영화의 결말에 대한 해석은 여전히 분분합니다. 저는 가웨인이 녹색 기사에게 목을 내주었을 것이라고 생각합니다. 그래야 가웨인이 자신의 모험을 완성하며 불멸의 이야기로 남는 참된 기사가 되기 때문이지요. 영화 속 위니프레드에게는 잘린 머리를 찾는 것이 미션이라면, 가웨인의 미션은 모든 세속적 욕망을 내려놓고 머리가 잘리는 것이 미션입니다. 이미 지상의 것을 다 이루었으니 깨달음과 영적 성숙을 찾을 차례가 아닐까요?

원탁의 기사들의 성배 탐색담은 그들의 왕국 카멜롯이 완성되는 날 만찬 중에 하늘에서 천사가 성배와 함께 내려왔다가 사라지면서 시작됩니다. 〈그린 나이트〉는 켈트 신화적 특성들을 경유하며 기독교적 구원으로 한정되지 않고 보편적인 영적 깨달음에 이르는 가웨인을 그려내고 있습니다. 그렇다면 가웨인 경의 영적 모험을 그려내는 이 영화가 어떤 켈트적인 요소들로 가득 차 있는지를 하나씩 살펴보겠습니다.

아더 왕 전설과 켈트 신화

중세 로망스 문학의 중요한 갈래인 기사도 문학은 프랑스에서 널리 유행했고 많은 작품들이 명멸했던 당대의 장르문학입니다. 그중에 아더 왕과 원탁의 기사에 관한 작품들이 큰 흐름을 이루었습니다. 아더 왕과 원탁의 기사 이야기는 본래 프랑스가 아니라 영국의 웨일즈 지방에 전해져 내려오는 오랜 이야기입니다. 웨일즈 지방은 고대부터 켈트족들의 땅이었지만 로마제국의 영역으로 편입된 탓에 로마의 국교였던 기독교가 전해져 강력하게 자리 잡은 곳이었습니다. 로마제국이 물러가고 난 기원후 5세기경의 영국은 권력의 공백기가 생겼고 각 지역의 여러 제후들이 서로 세력을 다투고 있었습니다. 그중한 인물이 아더 왕이라고 합니다. 사실 아직도 아더가 실존 인물인지 아닌지 알 수 없다거나 아더는 한 명이 아니라 여러 제후들의 모습을 합친 이상적인 신화 속 인물이라는 주장도 많습니다. 신화학자들은 본래 아더를 켈트족의 신이었다고 파악하며 기독교의 영향으로 성배

아더 왕과 원탁의 기사가 성배의 강림을 축복하고 있다.(중세 삽화, 출처: 위키미디어)

탐색을 하는 왕으로 변형된 것이라고 설명합니다.

현재 게일(Gale)이라는 이름으로 불리는 켈트족은 아일랜드, 스코틀랜드, 웨일즈 지방에 분포해 있습니다. 웨일즈 켈트족의 영역은 영국 섬 남서쪽의 웨일즈와 콘월지역 그리고 도버해협을 건너 북부 프랑스의 부르타뉴 지역을 아우릅니다. 웨일즈 지역의 아더 왕과 원탁의 기사에 대한 노래들은 음유시인들과 함께 프랑스로 건너갔고 기독교가 지배 이념으로 무겁게 작동하던 중세 프랑스인들의 상상력을 자극하여 기사도 문학이라는 큰 줄기를 만들었던 것이지요. 사실 켈트 신화를 채집하고 수록한 것이 기독교 수사들이었다고 하니 켈트 신화와 기독교는 이미 깊이 습합되었다고 할 수 있습니다. 그런데 『가웨인 경과 녹색 기사』는 프랑스가 아니라 영국에서 쓰인 작품이라 대륙의 기사도 문학보다 훨씬 더 켈트적인 색채가 짙게 남아 있다는 특징이 있습니다.

독특한 저승관, 두개골 숭배, 삼중 매듭이나 삼위일체를 이루는 삼신 체제와 같은 거의 강박적으로 보이는 신성한 숫자 3, 마법의 보물들과 드루이드교 사제들이 구사하던 신비한 마법들, 그리고 하나를 주면 하나를 받는 등가교환의 신화적 사고방식 같은 것들이 켈트적 특성들이라고 할 수 있습니다.

켈트족들의 두개골 숭배는 이 영화의 시작이 되는 '목베기 게임'과 깊은 관련이 있습니다. 목베기 게임의 연원은 "브리크류의 향연"이라는 8세기부터 전해져 오는 아일랜드 얼스터 지방의 전설로 알려져 있습니다. 브리크류라는 거인이 세 명의 유명한 전사들과 누가 제일인가를 가리기 위해 목베기 게임을 벌입니다. 전사들에게 자기 목을 벤 다음 그 대가로 그들의 목을 벨 기회를 달라는 것이지요. 3일 동안 목베기 게임이 벌어지는데, 두 명의 전사는 브리크류가 잘린 목을 붙이고 떠나자 자신들의 목을 베러 다시 오는 것이 두려워 도망을 갔고, 마지막 전사 쿠 훌린만이 거인의 목을 베고 두려움 없이 자신의 목을 내밀었다고 합니다. 그런데 브리크류는 존경받는 드루이드 마법사가 변장을 한 것이었고 그는 쿠 훌린을 얼스터 제일의 전사로 선언했다고 합니다. 11세기에 기록되었다고 하는 이 아일랜드 켈트의 이야기

녹색 기사의 목베기 게임을 묘사한 중세 삽화

는 영국 섬의 웨일즈 켈트 부족들에게도 알려져 있었거나 공유하는 이야기였을 것입니다. 영화의 원작인 『가웨인 경과 녹색 기사』는 14세기 후반의 영국 로망스 문학의 대표작이니 그 영향 관계를 짐작하게 합니다.

켈트족들은 인간의 두개골에는 신비한 힘이 존재해서 두개골을 가지고 있으면 복을 받는다고 여겼답니다. 그래서 켈트족 전사들은 자신이 평생 죽였던 적의 두개골을 집에 걸어놓았다고 합니다. 현재의 시점에서는 무척 엽기적이라는 생각도 들고 위생적으로도 문제가 심각했을 듯하지만, 당시의 켈트족에게는 말하자면 인간의 머리, 두 개골은 복주머니 같은 것이었습니다. 10월의 마지막 날인 할로윈 데 이에 아이들은 호박에 눈 코 입을 뚫은 잭 오 랜턴을 들고 집집마다 다니며 달달한 사탕이며 초콜릿 등을 얻습니다. 이 잘린 머리 형상의 잭 오 랜턴도 두개골에 대한 켈트인들의 관념과 풍습을 보여줍니다. 그렇게 중요한 머리를 몸에서 잘라내는 목 자르기 시합은 켈트족이 철기 시대 초기의 전사 집단이었다는 점과도 연관이 깊어 보입니다.

녹색 기사의 무기는 크고 날카로운 도끼입니다. 거대한 도끼날을 두려움 없이 받는 자는 아마도 진정한 영웅이었을 것이고 그런 영웅 에게 부와 명예가 쥐어졌을 것 같습니다. 영화에는 자세히 설명되지 않지만 원작 소설에서는 녹색 기사가 자신의 멋진 도끼를 영원히 선 물로 주고 그 도끼의 일격을 받겠다고 합니다. 아더 왕의 보검이 바위 에 꽂혀 있던 엑스칼리버였다는 것도 도끼와 더불어 켈트족들이 철 기문화 도래인이라는 점을 상기하게 합니다.

한편 영화 〈그린 나이트〉에는 원작에는 없는 인물들이 여럿 등장 합니다. 가웨인이 사랑했던 여인 에셀, 가웨인에게 녹색 예배당으로 가는 길을 가르쳐줬지만 걸맞은 대가를 받지 못해 강도로 돌변하는 소년, 호수 속에 버려진 자신의 잘린 목을 찾아달라고 부탁하는 위니 프레드 같은 인물들입니다. 그중에서도 가장 눈길을 끄는 인물이 위 니프레드입니다. 위니프레드 성녀는 12세기 웨일즈의 귀족으로 수녀 가 되기로 결심했다가 자신의 구혼자에게 목이 잘립니다. 성령의 힘 으로 그 머리가 복원되는 기적이 일어나 부활한 기독교의 성녀라고 칭송받습니다. 원작에서 가웨인 경이 녹색 예배당으로 가는 여정 중

성녀 위니프레드(스테인드글라스)

지나는 장소가 홀리 헤드(Holy Head)라고 그저 이름만 언급되는 데 비해, 영화에서는 위니프레드가 가웨인에게 자신의 잘린 머리를 찾아달라고 부탁합니다. 실제로 홀리 헤드를 성자 위니프레드의 기적이 일어난 홀리 웰(Holy Well)과 같은 곳으로 보는 견해도 있다고 합니다. 원작에서는 잠시 지나쳐가는 사소한 지명이 영화에서는 재미있는 에피소드로 확장된 셈입니다. 가웨인은 위니프레드의 잘린 머리를 호수에서 건져 되돌려줍니다. 어쩌면 이것은 두개골 숭배라는 켈트적 특성과 목이 잘렸다가 부활한 기독교의 성녀 이야기가 멋지게 결합한 에피소드라는 생각이 듭니다. 목을 내놓으러 가는 여정에서 누군가의 목을 찾아주는 것은 완벽한 기사가 되는 모험에 필수불가결한 요소인 것처럼 여겨지기도 합니다.

녹색 기사의 상징과 의미

그렇다면 녹색 기사는 과연 무엇을 의미하는 존재일까요? 영화를 본 많은 평자들은 녹색이 자연을 의미하는 색이며, 생명의 색인 동시에 썩어가는 부패의 색이기도 하다고 해석합니다. 일견 동의가 되지만 제 생각은 약간 다른데, 녹색의 기사는 '죽음'이 아닐까요? '끝이 아닌 죽음'이라면 어폐가 있을까요? 사실 자연의 순환, 계절의 변화를 가져오는 죽음은 끝이 아닙니다. 한 계절의 죽음은 다음 계절의 탄생이고, 꽃의 죽음은 씨앗을 맺는 것이며, 곰이나 개구리의 겨울잠은 죽음이 아니라 새로운 봄을 위한 준비 과정입니다. 그러니까 죽음은 새로운 시작, 부활을 내포하고 있는 한 단계의 단절일 뿐입니다.

켈트인들은 죽음을 끝이라고 생각하지 않았고 그들의 사후 세계는 티르 나 노그(Tír na nóg)✦ 혹은 아발론 같은 이름의 '영원히 늙지 않는 젊음의 나라'였습니다. 현실 세계 이면에 죽은 자들의 영이 사는 세계가 있고, 그곳은 아주 먼 곳이 아니라 호수 저편, 바다 저편, 숲속이나 땅속처럼 이곳과 연결이 되어있는 저곳이라 여겼습니다. 한국 사람들의 저승관과 유사하다는 생각이 드는데 우리도 이 세상과 저 세상은 단절된 곳이 아니라고 생각하지요. 할머니가 돌아가시면 저 세상에서 오래전에 돌아가신 할아버지를 만나셨겠다고 이야기합니다. 그렇게 죽음을 완전한 종결이나 끝이라고 여기지 않았으니 아무렇지 않게 목베기 게임을 할 수 있었던 것이 아닐까요? 죽음을 절대적 종말이라고 생각했던 게르만인들과 켈트인들을 비교하는 글을 본 적이 있습니다. 켈트인이 죽음을 마음속에 감추고 살아간다면 게르만인은 생을 그대로 안고 죽어간다고 합니다. 켈트적 세계관이 강하게 작동하는 '해리포터' 시리즈에서도 목이 달랑달랑 닉이라던가 화장실 귀신이 된 모닝 머틀과 같은 유령 캐릭터들이 넘치는 이유도 같

✦ 켈트 신화에 등장하는 낙원으로, 영원한 젊음의 나라라는 의미입니다. 단어는 다르지만 아발론과 같은 낙원입니다.

은 맥락일 듯합니다.

이 영화에서 눈길을 끄는 인물은 가웨인의 어머니로 등장하는 마법사 모건 르 페이입니다. 녹색 기사를 아더 왕의 궁으로 불러들이는 것 같은 주술 장면이 영화 시작하자마자 등장합니다. 켈트의 드루이드 사제들은 마법을 자유자재로 썼고 모든 세상의 원리와 이치에 통달했던 오래 훈련받은 존경받는 존재들이었습니다. 아더의 책사로 알려진 마법사 멀린이 바로 드루이드 사제입니다. 〈그린나이트〉에서 모건 르 페이는 아들 가웨인을 왕의 후계자로 만들려는 어머니로 나옵니다. 모성을 그리는 것 같지만 그 모성은 복잡하고 미묘하며 기독교와는 거리가 있는 인물입니다. 이 영화의 켈트적 특성들을 대표하는 인물로 보입니다. 버틸락 성주의 성에 살고 있는 눈을 가린 노파의 모습으로 나타나기도 합니다.

그럼 다시 논란이 되는 결말을 이야기해 볼까요? 원작 소설에서 녹색 기사는 가웨인이 약속대로 목을 내놓자 자신이 버틸락의 성주이고 자기 아내로 하여금 가웨인을 유혹하도록 했다는 사실을 밝힙니다. 그는 마지막까지 도끼날을 받겠다는 가웨인을 진정한 기사로 인정하면서 서로의 갈 길로 헤어집니다. 기독교와 켈트적 세계가 마침내 화해를 하고 제 갈 길을 가는 듯한 결말입니다. 반면 영화 〈그린 나이트〉에서는 기독교적이고 이상적인 기사 가웨인을 인간 차원으로 재해석하고 있습니다. 완벽한 기사 가웨인을 유곽에서 뒹구는 미성숙한 인물로 그려내면서 점차 깨달아가는 인간, 진정한 기사로 거듭나게 하는 영웅 구조를 지니고 있습니다. 처음부터 완벽한 기사가 아니라 자신이 자초한 일에 대해 책임을 지고, 스스로에게 약속을 지키

『가윈 경과 녹색 기사』

는 완성으로 나아가는 운명을 지닌 기사로 그려낸 것입니다.

　한편 하루 중 정오에 가장 힘이 세지는 가웨인을 켈트의 태양신 쿨크메이로 해석하는 연구가 있습니다. 영화 속 아더와 가웨인이 쓰는 관은 태양의 강한 햇살을 이미지화하고 있습니다. 〈그린 나이트〉는 오랜 시간에 걸쳐 일어난 기독교와의 습합에도 불구하고 몽환적이고 신비한 켈트적 특성이 진하게 드러나는 영화입니다. 그리고 그런 켈트적 특징들은 영화가 말하려는 삶과 죽음에 대한 진지한 질문을 현대적 의미로 해석해내고 아름다운 이미지로 그려내는 밑그림이 되고 있습니다.

　영화의 원작인 14세기 후반 작자 미상의 중세 영국 로맨스 문학의 백미 『가웨인 경과 녹색 기사』에 묘사되고 있는 녹색 기사를 한 번 상상해보시기 바랍니다. 두려우면서도 매혹적인 죽음의 기사가 바로 녹색 기사가 아닐까요?

세상에서 가장 큰 무시무시한 모습의 한 사람이
말을 탄 채 홀의 문으로 돌진해서 들어왔다.
두툼한 가슴 윗부분은 딱 벌어지고 육중한 허리와
팔, 다리는 참으로 길었으니
그는 반쯤은 거의 거인인 형상을 지니고 있었다.
하지만, 내가 단언컨대, 그는 사람들 중 가장 몸집이 컸으며
커다란 몸집에도 불구하고 말을 타는 사람 가운데 가장
아름답고 균형 잡힌 몸매를 지녔었다.
비록 그의 몸통—등과 가슴은 무시무시한 분위기를 자아내는
형상이었지만
복부와 허리 부분은 날씬하게 균형이 잡혔으며
몸의 각 부분은 서로 조화롭게 균형을 이루고 있었다.
너무도 환히 눈에 띄는 그의 몸 색깔에 사람들은 놀라움을
금치 못했다.
그의 전신은 온통 반짝거리는 녹색으로 빛나고 있었다.
—『가윈 경과 녹색 기사』 중 녹색 기사 묘사

4. 신화의 폭력성

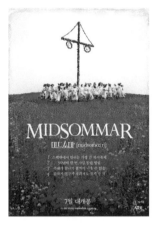

〈미드소마〉(2019)

    신화를 읽다 보면 신화의 폭력성에 대해 가끔 의문이 들 때가 있습니다. 길을 가다가 노인과 시비 끝에 살인을 하는 오이디푸스도 있고, 사냥의 여신 아르테미스는 자신의 알몸을 훔쳐본 악타이온을 수사슴으로 변하게 만들어 자신의 사냥개들에게 찢겨 죽게 만듭니다. 오딘은 태초의 거인 이미르를 죽여 세상을 창조하거나 하이누웰레 같은 곡물의 여신을 시기 질투하여 토막 살해하기도 합니다. 긴 인류의 역사에서 지금 우리가 사는 현재처럼 폭력이 순화되고 개인성이 두드러지던 때도 없습니다. 신화는 인간이 무리를 지어 살던 때부터 시작되었던 탓에 개인보다는 집단의 안위가 중요했고 그런 흔적은 신화의 폭력성으로 잔존하고 있습니다.

또한 신화는 의례(ritual)로 실천되며 후대에 지속적으로 전승되는 경우가 많습니다. 그 때문에 신화가 형성되기 시작한 초기 인간 공동체로부터 전해져 온 의례들은 21세기 현재의 시선으로 바라보기에 상상을 초월하는 폭력성을 담고 있기도 합니다. 많은 신화에서 신들에게 살아있는 사람의 목숨을 바치는 인신공희 혹은 인신공양 이야기들이 넘쳐나는 것은 그런 이유 때문입니다. 신화 시대의 인간관과 현재의 인간관이 확연히 달라서 한 사람의 생명이나 개인성이 그리 중요하게 여겨지지 않던 고대 사회의 공동체 개념과 개개인의 인권과 개성이 중시되는 현대 사회의 인간관은 서로 충돌하며 충격으로 다가올 수밖에 없습니다. 이러한 간극은 고대 사회의 의례를 다루는 오컬트 호러 영화 장르들의 소재로 형상화되기도 합니다.

한여름 낮에 펼쳐지는 오컬트 민속 호러

2019년 7월 전작인 〈유전〉으로 전 세계 영화팬들을 충격에 빠뜨렸던 호러 영화의 귀재 아리 애스터 감독이 〈미드소마 midsommar〉를 개봉했습니다. 스웨덴의 하지 축제를 다룬 〈미드소마〉를 본 많은 관객들과 평론가들은 마치 일시 정지한 것처럼 한동안 영화에 대한 반응을 내놓지 않고 함구하다시피 했습니다. 충격의 짧은 시간이 지나자 영화적으로 무척 뛰어난 오컬트적인 민속 호러(folk horror)라는 호평과 어쩐지 영화가 찜찜하고 기분 나쁘다며 불쾌감을 감추지 않

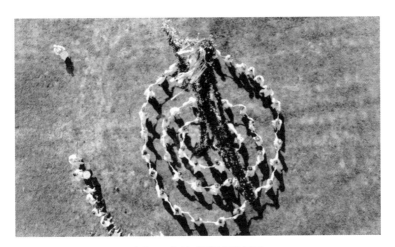

〈미드소마〉의 메이폴 군무 장면

는 관객들의 반응으로 평판은 양분되었습니다. 대개의 호러 영화들은 어둡고 음산한 장소와 분위기 속에서 사건이 일어나고 진행되는데(심지어 잘 보이지 않아 답답하기도 합니다) 〈미드소마〉는 일 년 중 밤이 가장 짧은 하지, 특히 밤 9시에도 대낮 같은 백야가 지속되는 스웨덴 한 마을의 하지 축제를 다루고 있어 무서운 일들과 끔찍한 의례가 백주에 벌어집니다.✦ 설마설마하던 사람들은 장면의 적나라함과 폭력적인 표현들에 고개를 절레절레 흔들었습니다.

〈미드소마〉는 스웨덴의 하지 축제에 참석한 인류학 전공의 대학원

✦ 미드소마라 불리는 하지 축제는 스웨덴 국민들이 가장 애정을 갖고 기다리는 축제입니다. 스웨덴 전역에서 2~3일 동안 열리는 이 축제는 태양의 적위가 가장 커져 낮의 길이가 가장 긴 날인 6월 21일을 기념합니다. 스웨덴의 계절적 특성 때문에 북유럽 국가들에서도 하지 축제가 활발하게 개최됩니다. 이 축제는 메이폴(Maypoles)과 춤, 그리고 전통 음식으로 유명합니다.

학생들이 90년 만에 벌어지는 9일간의 마을 제의에 희생되고 마는 이상하고 낯설고도 무서운 이야기를 펼칩니다. 사실 〈미드소마〉는 여러 북유럽 신화 도상들을 품고 있는 영화입니다. 북유럽 신화는 일반적으로 바이킹들의 신화라고 알려져 있지만 바이킹 정체성은 AD 8세기가 지나야 등장합니다. 그러니까 북유럽 신화는 그 이전 시기의 사람들에게서 전해져 온 것이라고 보는 것이 타당할 것입니다. 북유럽 신화를 게르만 신화, 스칸디나비아 신화라고 부르기도 합니다. 하지만 유일신을 믿는 기독교로 자발적 개종을 한 독일에는 신화가 남아 있지 않고 바그너가 근대 독일의 정체성을 고양시키고자 음악극으로 만든 〈니벨룽겐의 반지〉가 신화로 소환되었을 뿐입니다.

현재 우리가 알고 있는 북유럽 신화는 스칸디나비아반도의 신족과 거인들의 이야기를 적은 아이슬란드의 『에다』에 근거하고 있습니다. 에다는 12세기 아이슬란드의 스노리 스툴루손이 시작(詩作)을 위해 편찬한 북유럽 신화입니다. 고대의 운문으로 이루어진 에다(고에다, 운문 에다)를 산문으로 바꾸었다고 하여 산문 에다, 스노리 에다라고도 불립니다. 우리가 알고 있는 모든 북유럽 신화는 이 에다를 근간으로 합니다. 핀-우그르 족에 속하는 핀란드(칼레발라)나 스칸디나비아반도 북부 라플란드(사미족 신화)에는 북유럽 신화와는 다른 독창적인 신화 체계가 존재합니다. 스웨덴의 하지 축제를 다루는 〈미드소마〉에는 북유럽 신화의 태초의 거인 이미르 신을 모신다는 대사가 등장하고 호르가 마을 사람들은 옛 신들이 아직 살아있다고 믿으며 마을의 젊은 아가씨들이 강강술래를 하듯이 이중 삼중으로 남근을 상징하는 메이폴을 돌며 지쳐 쓰러질 때까지 춤을 춥니다.

〈미드소마〉의 집단 의식 장면

　영화가 시작되면 주인공 대니가 뉴욕에서 겪은 가족 트라우마를
보여줍니다. 동생의 불안한 정신 상태를 걱정하던 대니는 동생이 가
스 자살을 하면서 부모님도 함께 잃는 끔찍한 일을 겪습니다. 고통을
잊고 분위기를 쇄신해보려고 그녀는 자신과 헤어질 궁리를 하는 남
자 친구 크리스티안과 그의 동료들의 연구 여행에 동행하여 호르가
마을의 하지 축제에 참석합니다. 일행은 마을의 노인들이 절벽에서
뛰어내려 자발적 자살을 하는 '에테스투파' 장면을 보고 충격에 빠지
고 점점 열기를 더해가는 마을의 하지 축제에 휘말리며 하나씩 둘씩
희생이 됩니다.

　대니는 하지 축제의 메이퀸으로 등극하고, 그녀의 남자 친구인 크
리스티안은 마을의 여성 마야와 반강제로 공동체의 짝짓기를 하게

됩니다. 남자 친구의 충격적인 정사 장면을 목격한 대니는 깊은 고통을 느낍니다. 마을의 여자들은 대니에게 공감하는 행동을 하고 대니는 그들과의 이상한 유대를 경험합니다. 9명의 희생자 중 마지막 희생자를 결정할 수 있는 자격은 5월의 여왕의 권리였고 그녀는 희생자로 자신의 남자 친구인 크리스티안을 지목합니다. 희생제의를 위해 9명의 희생자가 들어간 노란 신전은 불길에 휩싸이고 알 수 없는 미소를 짓는 대니의 얼굴이 클로즈업되면서 영화가 끝납니다.

영화 줄거리만 보면 참 이해하기 어려운 영화 같습니다만, 신화적 관점에서 보자면 그렇게까지 이해하기 어려운 기괴하고 무서운 영화만은 아닌 것 같습니다.

북유럽 신화의 두 계보: 에시르 신족과 바니르 신족

북유럽 신화 속에는 에시르와 바니르 두 신족이 등장합니다. 스칸디나비아반도 서쪽에는 노르웨이가, 동쪽에는 스웨덴이 위치합니다. 지역적으로 구분해보면 반도 동쪽의 스웨덴은 바니르 신족의 영역입니다. 스칸디나비아반도 서쪽의 노르웨이는 북해와 노르웨이해 같은 거칠고 차가운 바다에 면하고 있어 반도의 내해라고 할 수 있는 발틱해에 접한 스웨덴보다 상대적으로 더 척박하고 험난한 땅입니다. 오딘, 토르, 로키와 같은 전사 집단이라 할 에시르 신족들의 땅입니다. 신화를 현재의 국경 개념으로 이해하는 것에는 여러 문제가 있지만 스칸디나비아반도의 경우 서쪽에는 에시르 신족의 영역이, 동쪽에는 바니르 신족이 살고 있어서 현재의 국가 이름으로 신화를 거론하는 것에 심대한 문제는 없어 보입니다. 프레이야나 프레이르 같은 바니르 신족의 땅인 스웨덴은 노르웨이 쪽에 비해 농사가 되는 풍요로운 지역입니다. 신화는 그 땅에 살던 사람들의 이야기이기 때문에 기후 풍토에 지대한 영향을 받습니다.

노르웨이의 에시르 신족은 척박한 땅에 사는 거친 전사들이었던 반면 스웨덴의 바니르 신족은 풍요롭고 마법을 행하는 능력이 있었다고 합니다. 황금을 숭배하는 풍요로운 바니르 족들이 못마땅했던 오딘은 그들의 지도자인 황금무녀 굴베이그를 토막 살해하여 세 번이나 불 속에 던집니다. 그러나 굴베이그는 죽지 않고 다시 살아나옵니다. 이 일로 두 신족은 오랜 전쟁을 하게 됩니다. 여기에서 황금무녀 굴베이그라고 할 때 굴은 골드, 즉 금을 의미한다고 합니다. 신화 상징에서 황금은 태양을 의미하고 태양은 빛이나 열의 두 측면으로 신앙의 대상이 됩니다. 열과 빛은 북구의 자연환경에서 살아남으려면 없어서는 안 되는 절체절명의 자연환경입니다.

겨울과 밤이 긴 스웨덴에서 여름의 피크인 하지 축제는 새로운 생명의 잉태와 풍요가 극에 달한 시기이고 곧 닥칠 얼어붙고 척박해지는 계절의 전환을 알리는 중요한 공동체 의례였습니다. 얼어붙는 대지에 생명이 깃들게 하려는 열망, 대지가 풍요로워야 많은 수확이 있고 그것으로 긴 겨울을 버텨 살아남아야 한다는 생의 의지를 담은 행사였습니다. 그러므로 태양 숭배는 당연하고 자연스러운 것이었습니다. 더구나 신화가 형성되던 시기는 한 사람의 개인성보다는 집단의 생존이 훨씬 중시되던 때였으므로 종족의 번식과 풍성한 수확은 집단 생존의 사활이 걸린 문제였을 것입니다. 영화에서 외부 남자의 씨를 받으려는 마을 여자들이 공조하는 충격적인 섹스 장면이나 모든

에시르 족에 의해 불태워지는 굴베이그(로렌츠 프뢸리히, 1895)

마을 사람들이 한 건물 안에서 잠을 자는 낯선 상황, 부모를 잃은 아
이도 모두 가족으로 함께 양육되는 모습은 아주 오래전 원시 인류의
공동체를 연상하게 합니다. 일행이 마을로 들어설 때 노란 태양의 형
상을 한 문을 통해 진입하는 장면이 있습니다. 일 년 동안 해가 가장
긴 하지에 그들은 성대한 아흐레의 축제를 합니다. 일행은 그렇게 이
해하기 어려운 이상한 시공간의 신화 세계로 진입하는 것입니다.

일반적으로 신화마다 중요하게 등장하는 신성한 숫자가 있습니
다. 북유럽 신화에 두드러지게 등장하는 숫자는 짐작하시겠지만 9입

니다. 9라는 수는 가득 찬 숫자, 만수(滿數)의 의미를 지니는데 유난히 북유럽 신화에는 9가 강박적으로 등장합니다. 켈트 신화에서는 3이 신화적인 숫자인데 비해 북유럽 신화의 9는 3의 제곱의 의미라기보다는 단독적인 9로 등장합니다. 아홉 명의 희생자를 바쳐야 하는 제의, 아홉 날을 이그드라실에 거꾸로 매달렸다가 룬 문자를 발명했다는 오딘, 세계종말전쟁 라그나뢰크에서 대지의 뱀 요르문간드의 맹독을 쏘이고서 아홉 발자국을 떼다가 죽음에 이르렀다는 천둥신 토르, 난장이와 거인까지 아홉 종족으로 이루어졌다는 세계관 등을 볼 때 아흐레 동안 이루어지는 90년 만의 하지 축제라는 설정은 이해가 됩니다. 사실 9의 배수인 81년이었다면 신화적으로 더욱 설득력이 있었을 것 같습니다.

90년 만의 특별한 하지 축제에서 공동체 외부의 남자의 씨를 받으려는 노력은 개인적 차원에서 이루어지는 것이 아닙니다. '신성결혼' 혹은 '성혼례'로 보이는 의례인 것입니다. 더구나 폐쇄적인 공동체 내의 근친상간은 순혈주의를 유지할 수는 있지만 동시에 유전적 결함을 피하기는 어렵다는 것을 호르가 공동체가 이미 잘 알고 있습니다. 근친상간의 결과로 나온 흉측한 모습을 한 사람의 그림을 경전의 일부라고 여기는 것은 순수한 피에 대한 공동체의 염원을 보여주기도 하는 것입니다.

놀라운 노인들의 공개 자살인 '에테스투파' 의례도 계절의 변화와 식물의 순환을 떠올려보면 끔찍하긴 하지만 이해 못 할 것도 아닙니다. 지금도 스웨덴, 노르웨이, 아이슬란드에는 에테스투파라는 이름이 붙은 절벽들이 다수 존재한다고 합니다. 부족한 자원을 가진 공동체의 생존에 기여하지 못하고 자원을 소진시키는 일정한 나이에 이른 노인들을 겨울에 다다른 존재들로 인식하고 공동체에서 배제하는 의례들은 신화에서도 영화에서도 어렵지 않게 찾아볼 수 있습니다. 그리스 신화에서 하데스의 아내 페르세포네는 3개월의 겨울은 남편 하데스와 저승에서 지내고 나머지 시간은 어머니인 곡물의 신 데메테르와 지냅니다. 이것은 겨울 동안 땅속에 있다가 봄이 되면 싹을 틔우고 꽃이 피고 열매를 맺는 식물의 순환을 의미한다고 해석됩니다.

인간의 일생을 식물의 생육이나 계절의 변화로 여기는 관념은 비단 북유럽 신화의 특수한 경우는 아닙니다. 19세기 일본 동북 지방을 배경으로 하는 이마무라 쇼헤이 감독의 영화 〈나라야마 부시코〉에 그려지는 70이 된 노모를 지게에 지고 가 산속에 버리고 오는 아들이나 자원이 부족한 겨울에는 키울 수 없어 버려졌던 아기의 시신이 밭에서 썩어가던 장면, 첫째 아들만이 장가를 가서 자식을 낳을 수 있던 마을의 규칙 같은 것들을 떠올릴 수 있습니다. 오래전 인간 공동체는 살아남기 위해서 늙은 개체를 버리고 감당하지 못할 생명들은 거두지 않았습니다.

『두 늙은 여자』◆라는 책에서 알래스카 인디언들의 노인 이야기도 읽은 적이 있습니다. 공동체는 겨울을 나기 어려워지면서 가장 연장자인 두 명의 할머니들을 버리고 떠납니다. 체계적인 영아살해나 고려장의 풍습은 비단 한두 지역의 이야기가 아닙니다. 아주 오래된 이야기인 신화들에는 공동체의 생존을 위해 개인에게는 비정하고 잔인

◆ 벨마 윌리스 저, 김남주 역, 이봄, 2018.

이마무라 쇼헤이 감독의 〈나라야마 부시코〉(1983)의 한 장면

한 폭력성이 늘 존재합니다. 현재의 시선으로는 비난을 면치 못할 이야기지만 전체 공동체를 위해 개체를 희생시키는 것은 오랜 인류 생존의 기술이었다고 할 것입니다.

〈미드소마〉의 마지막에 아홉 명의 희생자를 불로 번제하는 시퀀스에서는 정 가운데 곰의 가죽을 뒤집어쓴 크리스티안을 앉혀 놓았습니다. 게르만, 켈트, 슬라브족 할 것 없이 곰은 숭배의 대상이었습니다. 곰은 숲의 지배자이자 모든 동물의 왕이었고 무적이었습니다. 특히 곰의 가죽을 뒤집어쓰고 용맹하게 싸우는 스칸디나비아의 전사를 일컬어 '베르세르크(berserkr)', 복수로는 '베르세르키르'라고 불렀습니다. 곰을 신의 제물로 바치는 의례도 유라시아의 많은 종족들이 다양하게 행하던 일입니다. 일본 홋가이도 아이누족의 곰 의례인 '이오만테(イヨマンテ)'가 유명하고 아메리카 인디언들도 예로부터 무엇

곰 가죽을 뒤집어쓴 베르세르크(우측)

보다 곰을 신성한 동물로 여겼습니다. 곰은 인간처럼 두 발로 일어설 수 있어 다른 맹수들보다 인간에 가까운 강한 동물로 인식했던 것 같습니다. 그래서 신화에는 곰과 결혼하는 이야기들이 많습니다. 우리의 단군 신화도 환웅이 웅녀와 결혼하는 신성 결혼의 이야기이고 한국 사람은 신화적으로 곰의 후손들입니다. 그런 곰의 가죽을 입혀 씨를 뿌린 공동체 외부의 남자를 번제하는 것은 곰을 하늘로 돌려보내는 것, 생사여탈을 쥔 자신들의 신에게 성스러운 최고의 제물을 바치는 신화적 행위라고 볼 수 있습니다.

영화는 오월의 여왕 대니가 호르가 마을의 일원이 되면서 잃어버린 가족 트라우마를 치유하고 거짓말을 하며 다른 여자에게 한눈을 판(?) 남자 친구를 공동체의 제물로 바치며 미소 짓는 장면으로 마무리됩니다. 아리 애스터 감독은 전작인 〈유전〉(2018)에서도 남자와 자녀들을 신에게 바치는 여사제 같은 어머니에 대한 놀라운 오컬트의 세계를 보여준 바 있습니다. 아리 에스터 감독은 신화와 전통의례를 독특한 방식으로 영화화하면서 '우리에게 가족이 무엇인가? 공동체는 무엇이고 그 안에서 개인은 어떤 존재인가?'라는 가볍지 않은 질문을 던지고 있습니다.

5. 할리우드의 신화 지우기

〈트로이〉(2004)

　그리스 최고의 전사 아킬레우스가 트로이의 왕자 헥토르와 일대
일로 결투를 합니다. '둘 중 한 사람이 죽으면 장례를 제대로 치르도
록 배려하자'는 헥토르의 제안에 아킬레우스는 '사자는 인간과 약속
하지 않는다'며 매몰차게 거절합니다. 영화 〈트로이〉의 가장 인상적
인 장면 중 하나입니다. 헥토르가 자신이 사랑하는 사촌 동생 파트로
클로스를 죽였기 때문에 복수심에 불타는 전사 아킬레우스는 야수의
적대감을 내보인 것이지요. 파트로클로스는 사령관 아가멤논과의 불

화로 전장에 나가지 않겠다는 아킬레우스 몰래 그의 갑옷을 입고 출정했다가 헥토르의 손에 죽임을 당한 것이었습니다.

사실 영화 〈트로이〉의 원작이라 할 수 있는 호메로스의 『일리아스』에서 파트로클로스는 사촌 동생이 아니라 아킬레우스의 죽마고우이며 각별한 우정을 나누는 나이가 조금 더 많은 인물입니다. 사자 같은 아킬레우스와 존경받는 트로이의 영웅 헥토르의 결투는 아킬레우스의 승리로 끝이 납니다. 헥토르를 향해 일격을 가하려고 땅을 박차고 날렵하게 날아오르는 아킬레우스는 진정 용맹무쌍한 사자의 모습입니다. 영화가 개봉되자 날아오르는 아킬레우스를 연기한 배우 브래드 피트의 섹시한 허벅지가 전 세계 여성 관객들의 마음을 설레게 하며 한동안 화제가 되기도 했습니다. 죽이고서도 분이 풀리지 않은 아킬레우스는 죽은 헥토르의 발을 전차에 묶어 끌고 가며 트로이를 모욕합니다. 자신의 후계자이며 깊이 믿었던 큰아들이자, 트로이의 영웅 헥토르의 시신이 아킬레우스의 전차에 끌려가는 것을 보며 트로이의 왕 프리아모스는 혼절하고 맙니다.

2004년 할리우드에서 제작된 블록버스터 영화 〈트로이〉(감독 볼프강 페테르센)는 불화의 여신 에리스가 던진 황금 사과로 촉발된 그리스 연합군과 트로이 사이의 긴 전쟁을 한 편의 영화로 만들어냅니다.

파트로클로스의 팔에 붕대를 감아주는 아킬레우스(그리스 도기화)

호메로스의 『일리아스』를 원작으로 한다고 알려졌지만 『일리아스』
는 헥토르의 죽음으로 끝납니다. 마지막 문장은 "이렇게 그들은 말을
길들이는 헥토르의 장례를 치렀다."✦입니다. 영화 후반부는 호메로
스의 서사시가 아니라 헥토르의 죽음 이후 트로이가 패망하는 과정
을 그려낸 로마 시인 베르길리우스의 『아이네이스』 앞부분 내용입니
다. 그래서 영화의 제목이 〈일리아스〉가 아니라 〈트로이〉인 이유는
트로이 전쟁을 헥토르의 죽음까지만 다루는 『일리아스』와 이후 트로
이의 멸망을 그린 『아이네이스』를 한데 합쳤기 때문입니다.

　『아이네이스』의 초반은 그리스 연합군이 놓고 간 목마를 난공불
락의 트로이 성 안으로 들여놓으면서 트로이가 멸망하게 되는 과정
을 상세하게 그려내고 있습니다. 10년이 넘는 기간 동안 트로이를 함
락시키지 못한 그리스 연합군은 이타카의 왕이던 지략가 오디세우스
의 제안을 받아들입니다. 의미를 알 수 없는 커다란 목마 하나를 만들
어 놓고 그리스 함선들은 모두 철수한 것처럼 사라집니다. 하루아침
에 그리스 함선들이 사라진 해변으로 트로이 사람들이 목마를 살피
러 나옵니다. 아폴론 신전의 사제였던 라오콘과 프리아모스의 딸이
자 역시 아폴론의 사제였던 카산드라가 목마를 들여놓으면 트로이가
멸망할 것이라고 예언을 하지만 아무도 그들의 얘기에 귀 기울이지
않았습니다. 카산드라는 아폴론에게 예언의 능력을 받았지만 아폴론
의 구애를 거부하는 바람에 그녀가 맞는 예언을 해도 아무도 믿지 않
는 저주를 내렸습니다. 성벽을 부수면서까지 거대한 목마를 승리의

✦ 호메로스, 『일리아스』, 천병희 역, 도서출판 숲, 2015년 개정판, 714쪽.

그리스 연합군이 남겨 놓고 간 목마를 성 안에 들이는 트로이 사람들

상징으로 여겨 성 안으로 들인 트로이는 그 목마 안에 숨어있던 용맹스러운 적들로 인해 그날 밤으로 멸망하고 맙니다. 모두 잠이 들자 목마에서 나온 그리스 병사들이 난공불락 트로이의 성문을 열었고 다시 돌아온 그리스 연합군은 트로이를 초토화하고 맙니다. 왕과 왕비는 죽임을 당하고 많은 사람들이 포로가 됩니다. 트로이는 멸망하고 프리아모스 왕의 조카이며 헥토르의 사촌이던 아이네아스가 트로이의 난민들을 이끌고 탈출에 성공합니다.

　오랜 유랑의 세월을 지나 아이네아스 무리가 로마의 초석을 다졌다는 이야기가 베르길리우스의 『아이네이스』입니다. 아이네이스는 '아이네아스의 노래'라는 뜻입니다. 아이네아스는 사람 이름, 아이네이스는 작품의 제목입니다. 모음 하나가 다릅니다. 베르길리우스에

의하면, 아이네아스는 트로이를 계승하였다고 적고 있습니다. 영화에서 아이네아스는 트로이를 상징하는 검을 가지고 함락되는 트로이를 떠나는 비중이 크지 않은 평범한 청년으로 그려집니다. 그러니까 영화 〈트로이〉는 『일리아스』에서 헥토르의 죽음까지의 이야기를, 『아이네이스』의 초반부 트로이의 멸망에 대한 내용을 토대로 트로이라는 도시국가의 흥망성쇠를 보여줍니다.

그런데 영화와 원작들 사이에는 엄청나게 큰 차이점이 하나 있습니다. 할리우드에서 만들어진 영화 〈트로이〉에는 신들이 등장하지 않습니다. 원작들에서는 올림포스 신들은 전쟁에 개입하고, 편을 먹고 싸우고, 의논하여 결정하기도 하며 전면에 등장합니다. 그러나 영화에서는 신들의 존재를 지우고 마치 인간들만의 역사인 것처럼 그려내고 있습니다. 마치 영화 〈트로이〉는 그리스 도시국가의 하나였던 트로이의 역사를 재구축하려는 듯이 보입니다. 왜 할리우드는 그리스의 신들을 배제한 영화적 서사를 만들었을까요?

그리스/로마 신화?

그리스 신화는 호메로스가 활동하던 B.C. 9~8세기부터 이교 세계가 끝나는 A.D. 4~5세기까지 짧게는 1,200년에서 길게는 1,400년이란 오랜 시간 동안 그리스어를 사용하는 여러 지방에 널리 형성되고 펴져 있던 신화와 전설들을 통틀어 일컫는 말입니다. 『일리아스』, 『오디세이아』를 쓴 호메로스를 위시해 『신들의 계보』를 쓴 헤시오도스, 『오이디푸스 왕』을 쓴 소포클레스, 에우리피데스, 아이스퀼로스 같은 그리스 비극 작가들과 로마제국 시기 베르길리우스의 『아이네이스』, 오비디우스의 『변신 이야기』처럼 많은 로마 시대 신화 작가들이 명멸했습니다. 고대 그리스와 로마제국의 여러 작가들이 존재했고 다양하고 많은 작품들이 전해지면서 현재 그리스 신화는 지금까지도 가장 풍부한 신화로 널리 읽히게 되었습니다. 그리스 시인들의 작품과 달리 로마의 시인들은 제국의 정통성을 찾고 황제의 신화를 만들기 위해 그리스 신화를 가져옵니다. 또한 책의 형태로 집대성하면서 신화를 문학 작품으로 오해하게 만드는 원인을 제공하기도 했습니다.

신화 빈곤의 로마제국은 로물루스와 레무스 쌍둥이 형제가 늑대의 젖을 먹고 자라 로마를 건국했다는 간단한 건국 신화만을 보유하고 있었습니다. 로마는 그리스처럼 태초의 우주에서 땅과 하늘이 생기고 밤과 낮이 생겨나고 해와 달이 만들어지는 창세 신화를 갖고 있지 않았습니다. 그래서 식민지 그리스의 신화를 자신들의 신화로 벤치마킹하면서 신들의 이름을 바꾸고 이야기를 덧붙여 '로마 신화'라고 했습니다. 로마가 트로이의 계승자라는 베르길리우스의 『아이네이스』는 위대한 문학 작품이라 평가받지만 황제의 정통성을 확립하기 위한 로마 신화 만들기라는 의도를 가진 저작이었습니다. 신화는 늘 공동체의 정체성과 깊은 관련을 맺습니다. 그래서 지금도 중국은 여러 공정들을 통해 '하나의 중국'을, 일본은 교과서 역사 왜곡을 꾸준히 자행하고 있는 것입니다. 그러니까 늘 사이좋게 붙어 다니는 것처럼 보이지만 그리스/로마 신화라고 할 때 이 둘의 관계는 식민지/제국의 관계였던 것입니다.

로마로 간 그리스 신화는 제국의 신화로 변질되었지만 그리 오래

늑대의 젖을 먹고 자란 로물루스와 레무스 형제(카피톨리나 늑대상)

가지 못합니다. 로마제국이 A.D. 4세기 콘스탄티누스 1세의 밀라노 칙령에 의해 기독교 탄압을 중단한 데 이어 테오도시우스 1세에 이르러서는 기독교를 로마제국의 국교로 채택했기 때문입니다. 유일신만을 신앙하는 기독교가 국교가 되자, 그리스 신화는 점점 그 신성을 잃어버리고 시장판의 재미있는 이야기로 떠돌거나 시인들의 시적 영감의 소재로 전락해 버립니다. 기독교는 원죄 개념을 바탕으로 한 금욕적이고 도덕적인 종교였던 탓에 그리스 최고의 신, 신 중의 신 제우스를 세상에 다시없을 바람둥이로 바라봅니다. 신의 사랑과 은총이 순식간에 욕심 많은 한 남자의 바람기로 인한 추문이 된 것이지요. 위대한 여신 헤라는 바람난 남편을 쥐 잡듯 하는 악처의 전형으로 사람들의 입길에 오르내렸고, 다산과 풍요의 신인 미의 여신 아프로디테는 '음란한 아프로디테'(Aphrodite Porne)라는 별명을 얻습니다.

그런데 역설적이게도 제우스의 바람을 응징하러 쫓아다니는 헤라

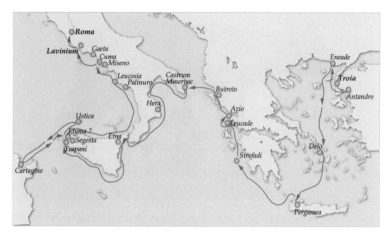

트로이에서 이탈리아 로마에 이르는 아이네아스의 여정

의 만행, 영원한 처녀인 여신 아프로디테의 남성 편력과 같은 세속적 재미 때문에 그리스 신화는 신성이 곤두박질쳤음에도 불구하고 사라지지 않고 여태까지 강한 생명력으로 살아남을 수 있었습니다. 로마제국의 기독교적 관점은 먼 훗날 유럽 기독교의 부패를 뒤로 하고 아메리카라는 신대륙을 개척해 세운 청교도들의 나라 미국에서 토마스 불핀치라는 19세기 작가에 의해 다시 살아납니다. 고대 그리스에서는 신앙과 종교의 대상이었던 그리스 신화가 로마제국의 신화로 채택되지만, 유일신을 숭배하는 기독교가 제국의 신앙이 되자 몰락을 거친 후 프로테스탄티즘적 미국 작가의 시각으로 다시 쓰인 것입니다. 아주 오랜 세월 동안 그리스 신화가 잊히지 않고 수많은 우여곡절에도 불구하고 강한 생명력으로 살아남은 이유는 무엇보다 세속적인 재미 덕분이었습니다. 재미가 없고 종교색만 띠었다면 그리스 신화는 엄청난 탄압으로 사라져 여러 작가들의 풍요로운 저작들로 전해지지 않았을 것입니다. 신화 작가들이 많지 않았고 기독교로 자발적인 개종을 한 북유럽 신화나 켈트 신화 같은 다른 유럽의 신화들은 상대적으로 많이 소실된 신화들입니다.

트로이 전쟁의 서막

트로이 전쟁의 시발은 바다의 여신 테티스와 펠레우스의 결혼식에 초대받지 못한 불화의 여신 에리스가 던진 황금 사과 사건이었습니다. 여신인 테티스를 인간 펠레우스와 결혼을 시킨 것은 주신 제우스였습니다. 제우스는 테티스를 사랑했지만 테티스가 낳는 아들이 그 아비를 넘어설 것이라는 운명을 알고 그녀를 아무 문제도 일어나지 않을 인간 펠레우스와 결혼을 시킵니다. 많은 신들이 테티스와 펠레우스의 결혼식에 초대를 받았지만 불화의 여신 에리스만은 초대받지 못합니다. 심술이 동한 에리스는 '가장 아름다운 여신에게'라고 쓴 황금 사과를 올림포스의 세 여신 헤라, 아프로디테, 아테나 앞에 굴려 분란을 일으킵니다. 세 여신은 저마다 자신이 사과의 주인이 되어야 한다며 다투게 되고 제우스에게 주인을 정해달라고 합니다. 골치가 아팠던 제우스는 그 사과의 주인을 가리는 어려운 일을 목동으로 지내고 있던 트로이의 왕자 파리스에게 넘겨버립니다. 여신들은 파리스에게 자신에게 사과를 주면 상응하는 대가를 주겠다고 공언합니다. 신화의 세계에 공짜는 없습니다. 등가교환의 법칙이 있을 뿐입니다. 헤라는 부와 권력을, 아테나는 위대한 지혜와 모든 전쟁의 승리를, 아프로디테는 세상에서 가장 아름다운 여자를 주겠다고 합니다.

'파리스의 선택'(루벤스, 1639~1640)

파리스의 선택은 물론 가장 아름다운 여자였죠. 그런데 문제는 그 가장 아름다운 여자가 다름 아닌 스파르타의 왕비 헬레네였다는 것입니다. 아프로디테는 헬레네가 유부녀이건 아니건 약속을 지킵니다. 헬레네의 남편 스파르타의 왕 메넬라오스는 황망하게 아내를 잃고 형인 미케네의 왕 아가멤논을 찾아가 자기 아내를 찾아달라고 부탁합니다. 그리스 국가들 중 가장 막강한 힘을 가졌던 미케네의 왕 아가멤논은 그리스 전역을 자신의 영향권 아래 둘 심산으로 동생의 제안을 받아들이면서 그리스 연합군을 이끌고 트로이를 치러 가기로 결정합니다. 그리스 연합군은 아울리스 항으로 집결하지만 아가멤논이 아르테미스 여신의 수사슴을 죽이자 여신의 분노로 바람이 불지 않습니다. 출항이 3년이나 지연되자 아가멤논은 자신의 딸 이피게네이아를 여신에게 바치고 나서야 트로이로 출정합니다. 하지만 그리스 최고의 영웅 아킬레우스와 아가멤논 사이의 불화로 아킬레우스가 참전하지 않아 그리스 연합군의 사기는 말이 아니었습니다. 영화에는 전혀 등장하지 않지만 올림포스의 신들도 저마다 나름의 이유로 그리스 편, 트로이 편으로 나뉘어 9년간의 전쟁에 관여합니다. 우선 트로이 왕자 파리스에게 황금 사과의 주인으로 선택받지 못한 헤라와 아테나는 그리스 연합군을 지지했고, 아폴론과 아프로디테와 아르테미스는 트로이 편을 듭니다. 특히 아폴론은 트로이의 숭배를 받는 신이었습니다. 제우스는 자기 아들인 사르페돈이 아킬레우스의 절친 파트로클로스의 손에 죽어 심정적으로는 트로이를 지지했지만 중립을 지켰습니다. 제우스는 헥토르의 죽음을 용인했음에도 그의 아버지 트리아모스 왕에게 헤르메스를 보내 아킬레우스에게 가서 아들의 시신을 찾도록 도와줍니다. 또 아킬레우스의 어머니인 테티스에게도 헥토르의 시신을 아비에게 돌려주도록 아킬레우스를 설득하라고 합니다. 이처럼 『일리아스』에 그려진 트로이 전쟁은 인간들의 전쟁인 동시에 신들의 전쟁이기도 했습니다. 하지만 영화 〈트로이〉는 신들이 개입한 장면들마저 모두 인간의 것으로 각색했습니다. 그래서 개봉 당시 〈트로이〉는 신화가 아니라 역사인가? 하는 논란을 불러일으키기도 했습니다.

할리우드의 신화 다시 쓰기

2004년 작인 〈트로이〉는 16년이 지난 2020년 30분가량이 늘어난 리마스터링 감독판으로 재개봉되었습니다. 3시간이 훌쩍 넘는 스펙터클한 영화의 긴 러닝타임도 방대한 호메로스의 『일리아스』와 베르

그리스군의 상륙

길리우스의 『아이네이스』를 통틀어 담아내기에는 턱없이 부족한 시
간입니다. 하지만 한 편의 영화로 만들어내기 위해 이야기의 뼈대만
을 남기고 서사의 반 이상을 차지하는 신들의 이야기는 제거한 채로
방대한 인물들을 축소하는 선택과 집중의 방식으로 각색이 이루어졌
습니다. 할리우드 영화 〈트로이〉는 신들의 이야기를 모두 들어내 버
리고 철저하게 인간들의 이야기로 끌고 간다는 점 이외에 여러 명의
인물들을 한 명의 인물로 통합하거나 주요 인물의 죽음을 변형하기
도 합니다.

　예를 들면, 아가멤논의 전리품이던 크리세이스, 아킬레우스의 전
리품이던 트로이의 여사제 브리세이즈, 아킬레우스가 사랑하게 된
트로이의 공주 폴릭세네 같은 다른 인물들을 영화에서는 브리세이즈
라는 한 명의 인물로 통합하고 있습니다. 신화 서사에서는 아킬레우

스의 죽음이 헥토르의 동생이던 폴릭세네를 만나러 갔다가 파리스의 화살에 맞지만 영화에서는 연인 브리세이즈를 구하려다 파리스의 독화살에 맞아 죽는 것으로 변형이 이루어졌습니다. 또 영화에서 브리세이즈를 겁탈하려던 아가멤논이 그녀의 칼에 죽임을 당하는 것으로 그려지는데 그리스 신화에서는 무사히 승전보를 울리며 자신의 왕국 미케네로 돌아갑니다. 그렇지만 딸을 제물로 바치고 10년 동안 전쟁에 다녀온 남편에 대한 원한으로 아가멤논의 아내 클뤼타임네스트라는 자신의 애인과 함께 아가멤논을 살해합니다. 아가멤논 일가의 가족 살해는 이후에도 아들 오레스테스와 딸 엘렉트라 이야기로 이어지며 그리스 신화의 여러 작가들이 많이 다루는 소재가 됩니다.

죽은 아들 헥토르를 찾으러 간 프리아모스 왕은 제우스의 충고에 따라 아들의 몸값으로 엄청난 재물을 아킬레우스에게 가져갔으며 왕을 들키지 않게 적군의 함선으로 인도한 것은 제우스의 명을 받은 전령의 신 헤르메스였습니다. 그러나 이런 이야기들은 영화 속에는 등장하지 않습니다. 대신 아킬레우스가 왕에게 어떻게 왔느냐고 묻자 '나의 땅에서 내가 못갈 곳은 없다'는 멋진 대사를 합니다. 아킬레우스가 헥토르를 돌려주려고 그의 시신을 혼자 모포로 덮으며 '형제여!(brother)' 하며 오열하는 장면이 있습니다. 호메로스의 서사시에서는 아킬레우스가 자식의 시신을 거두러 온 늙은 왕의 모습을 보며 죽은 파트로클로스를 그리워하고 요절할 자신의 운명을 생각하며 아버지 펠레우스를 떠올리며 울었고, 늙은 왕은 죽은 아들 헥토르를 위해 울었다고 적고 있습니다. 두 사람의 울음소리가 온 집 안에 가득 찼다고 합니다. 그러나 영화에서는 아킬레우스가 죽은 헥토르를 보

〈이아손과 아르고호〉(1963)

며 적이지만 깊은 동질감을 느껴 눈물을 흘리는 듯한 느낌을 만들어냅니다. 이 장면은 실제 영화의 주인공이라 할 수 있는 아킬레우스에 대해 관객들의 심정적 공감대를 가장 많이 자극하는 감정적 클라이맥스에 해당합니다.

그리스 신화의 백미라고들 하는 호메로스의 서사시를 할리우드식으로 다시 쓰는 스펙터클한 블록버스터 영화에서도 유일신을 믿는 기독교 국가 미국의 시선은 다양한 신들을 모두 지우고 인간들의 이야기로만 그리스 신화를 축소하고 있습니다. 할리우드가 그리스 신화를 영화화한 초기 작품 중 〈이아손과 아르고호〉(1963)에는 올림포스 신전과 신들이 인간의 형상으로 등장합니다. 하지만 호메로스의 서사시를 기반으로 하는 할리우드의 그리스 신화 영화들에 정작 그리스의 신들은 그 흔적조차 찾기 어렵습니다. 겉모습과 인물들만 신화에서 차용했을 뿐 신화를 보통의 평범한 인간들의 세속적인 전쟁 드라마로 축소한 할리우드 블록버스터가 바로 〈트로이〉라고 할 것입니다.

6. 과연 정의란 무엇인가?

〈킬링 디어〉(2017)

그리스의 요르고스 란티모스 감독의 영화 〈킬링 디어〉의 원제는 "The killing of a sacred deer"입니다. 그런데 '신성한 사슴 죽이기'라는 제목을 가진 이 영화에는 사슴을 죽이는 장면이 등장하지 않을뿐더러 사슴도 나오지 않습니다. 그렇다면 이 비유적 제목은 어떤 의미가 있는 것일까요?

'신성한'이라는 뜻의 영어 'sacred'는 인간의 도덕이나 윤리를 넘어서는 신성함을 의미합니다. 거룩하다, 성스럽다, 종교적이다, 세속적이지 않다는 의미를 훌쩍 뛰어넘는 저 너머의 신성함을 뜻하는 말로 신화적 사고를 이해하는 데 핵심이 되는 용어라고 할 수 있습니다.

사냥을 나온 인간 악타이온은 숲의 연못에서 시녀들과 함께 목욕을 하는 아르테미스 여신의 알몸을 훔쳐보다 발각됩니다. 아르테미스 여신은 악타이온을 사슴으로 변하게 해 사냥개들에게 찢겨 죽게 만듭니다. 이 이야기를 듣는 현재의 우리는 아르테미스 여신은 아주 잔혹하고 비정하며 무섭다고 느낍니다. 하지만 현대인의 윤리나 도덕적 감수성과는 무관하게 여신의 알몸을 훔쳐본 죄는 신성모독이며 이는 목숨을 대가로 내주어야 할 중차대한 일입니다. 악타이온의 목숨을 앗아간 것은 신성함이라는 신적 권위라고 할 것입니다. 이처럼 신성함(sacred)은 인간 차원의 도덕이나 윤리를 초월하는 신성함입니다. 이 신성함의 의미를 이해해야 신화를 대할 때 당혹스러운 폭력이나 잔혹함을 다르게 이해할 수 있습니다.

신화는 아주 오래전 인류가 집단생활을 하면서부터 전해져 내려오는 이야기여서 종종 신화의 신성함은 폭력적으로 드러나곤 합니다. 인간이 감히 범접하지 못하는 신성한 금기의 세계는 익숙하고 편안한 장면만 있는 것은 아닙니다. 그러므로 신화를 그저 재미있는 신과 영웅들의 이야기로만 이해한다면 신화의 아주 일부분만을 아는 것이라고 하겠습니다. 이런 신성함과 신화의 폭력성이라는 키워드를 염두에 두고 영화 〈킬링 디어〉를 살펴보겠습니다.

요르고스 란티모스 감독의 〈킬링 디어〉는 그리스 신화의 숲의 여신이자 사냥의 여신인 아르테미스 여신과 트로이 전쟁의 첫 출항에 얽힌 아가멤논의 이야기를 모티프로 삼은 영화입니다. 이 유명한 사

74

'아르테미스와 악타이온'(주세페 체사리, 1606)

건은 고대 그리스의 비극 작가들뿐 아니라 라신이나 괴테와 같은 후대 작가들에게도 영감의 원천이 되어 여러 작품들이 탄생하게 됩니다. 잘 알려져 있지는 않지만 그리스에서 〈이피게네이아〉라는 제목으로 이 신화 이야기가 영화화된 적이 있습니다. 이 영화는 그리스 비극 작가인 에우리피데스의 「아울리스의 이피게네이아」를 원작으로 하고 있습니다. 이 영화에서는 트로이 전쟁의 영웅 아킬레우스가 이피게네이아와 거짓 결혼의 상대로 등장하기도 합니다.

아울리스의 이피게네이아

트로이 전쟁의 서막을 다시 떠올려보시기 바랍니다. 불화의 여신

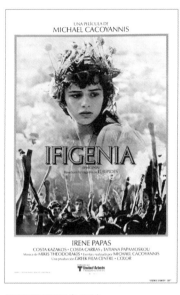

에리스에게서 비롯된 황금 사과 사건은 파리스가 가장 아름다운 여인을 약속받고 아프로디테를 사과의 주인으로 결정하며 일단락되었습니다. 그런데 이 사건의 불똥은 엉뚱하게 그리스 연합군의 사령관인 아가멤논의 딸 이피게네이아에게 떨어집니다. 사건의 발단은 아버지 아가멤논이 숲의 여신이자 사냥의 여신 아르테미스의 신성한 수사슴을 죽이면서 시작됩니다. 여신은 자신의 사

〈이피게네이아〉(1977)

슴을 죽인 아가멤논에게 화가 나 트로이로 출정하지 못하도록 바람을 일으켜 주지 않습니다. 무려 3년이나 바람이 일지 않아 그리스 연합군은 트로이로 출정하지 못하고 발이 묶입니다.

오랫동안 발이 묶인 아가멤논은 이윽고 여신에게 자신이 어떻게 하면 바람을 일으켜 주겠냐고 물었고, 여신은 그에게 어린 딸 이피게네이아를 제물로 바칠 것을 요구합니다. 딸을 제물로 바치고 나서야 마침내 바람이 불어 아가멤논의 그리스 연합군은 트로이로 출정을 합니다. 1977년에 제작된 〈이피게네이아〉라는 오래전 그리스 영화는 아가멤논의 딸을 희생양으로 삼은 그리스 연합군이 트로이로 출정하는 장면까지를 다루고 있습니다. 자신의 딸을 희생양으로 삼은 비정한 아버지 아가멤논의 야망과 순결한 어린 딸 이피게네이아의 인신

이피게네이아를 품에 안은 클뤼타임네스트라

공희, 그리고 딸을 제물로 바친 남편을 원망하는 아가멤논의 부인 클뤼타임네스트라의 비극적 이야기는 그 이후로도 죽고 죽이는 가족 살해의 서사로 이어져 그리스 신화의 대표적인 막장 드라마로 유명합니다.✦

✦한편, 아르테미스 여신이 이피게네이아 대신 사슴을 제물로 받고 이피게네이아를 자신의 신전의 사제로 삼았다는 에우리피데스의 후속 이야기인 〈타우리스의 이피게네이아〉라는 작품이 있습니다. 이외에도 아이스킬로스의 〈아가멤논〉, 소포클레스의 〈엘렉트라〉 등에도 아가멤논의 딸 이피게네이아는 핵심 인물로 등장합니다. 아르테미스 여신은 다른 신들에 비해 꽤 오랫동안 인신공희를 받은 여신으로 여겨지기도 합니다. 또한 사슴과 깊은 연관이 있는 여신으로 보입니다.

신성한 사슴 죽이기

2017년 요르고스 란티모스 감독은 아르테미스 여신에게 자기 딸을 바치는 아가멤논의 이야기를 모티프로 하여 매혹적이지만 난해한 영화 〈킬링디어〉를 만들었습니다.

스티븐은 아름다운 안과의사 아내와 안정적인 사회적 지위를 누리고 사는 유능한 심장전문의입니다. 어느 날 마틴이라는 소년이 찾아오면서 스티븐의 삶과 가족들 사이에 균열이 생기기 시작합니다. 스티븐은 심장 수술을 받고 사망한 마틴 아버지의 수술 집도의였습니다. 의사와 죽은 환자의 아들, 두 사람 사이의 묘한 친밀함은 어쩐지 불편하고 무척 기이한 느낌을 줍니다. 마틴을 집으로 초대하기도 하고 시계를 선물 받기도 하면서 가족들까지 마틴과 친밀한 관계가 됩니다. 하지만 시도 때도 없이 찾아오는 마틴이 궁극적으로 원하는 것은 친밀함과는 거리가 먼 것입니다. 스티븐이 자기 아버지를 죽였으니 똑같이 그의 가족 중 한 사람이 죽어야 한다는 것입니다. 그래야 균형이 맞고 정의에 가깝다고 말하지요. 그렇지 않으면 아이들과 아내가 차례로 사지가 마비되고 거식증에 걸리고 눈에서 피가 나면서 결국에는 다 죽게 될 것이라고 경고합니다. 그 후 마틴의 예언대로 아이들은 걷지 못하고 밥을 먹지도 못하고 눈에서 피를 흘립니다. 결국 그의 말이 현실이 되어가자 스티븐은 가족 중 누군가를 희생해야 끔찍한 일이 끝난다는 것을 깨닫게 됩니다. 얼굴을 가린 가족들을 거실에 둘러 앉혀놓고 자신도 눈을 가린 채 빙빙 돌며 러시안룰렛처럼 무작위로 총을 쏩니다. 자신을 제외한 가족 중 누군가 하나는 죽어야 모든 일이 끝나기 때문입니다. 어린 아들 밥이 희생양이 되었고 환란은

가족 중 한 사람을 희생해야 하는 가장

멈춥니다. 가족들은 마치 아무 일이 없었다는 듯 일상의 안정을 되찾게 되고 마틴은 그들을 떠납니다.

줄거리를 적어 보아도 기이한 영화입니다. 가족 살해로 귀결되는 비극적이고 이해하기 어려운 부조리로 가득한 이 영화를 이해하려면 신화적 사고와 관점이 하나 더 필요해 보입니다. 이미 언급한 신화가 가지는 인간적 윤리와 도덕을 넘어서는 신성함이 그 하나이고, 다른 하나는 철저한 등가교환입니다. 말하자면 신화에서는 동일한 가치를 주고받는 것, 한쪽이 기울어지지 않는 공정한 교환과 같은, 공짜나 덤은 전혀 없고 공평하고 정당한 기브 앤 테이크의 논리가 계산의 원리입니다. 그러니까 서로 하나를 주면 하나를 받고, 선물을 주면 선물을 받고, 이에는 이, 눈에는 눈이라는 함무라비 법전의 논리처럼 등가교환이 이루어져야 하는 것입니다. 그러니까 아가멤논은 여신의 사슴을 죽였으므로 여신은 바람을 주지 않습니다. 자신의 딸을 제물로 바치자, 여신은 바람을 일으켜 줍니다. 마틴은 아버지를 죽게 만든 의사의 가족 중 한 사람이 죽어야 공평하다는 논리가 정의에 가깝다고 말하지요. 마틴의 사고방식은 고대로부터 전해져오는 오랜 신화적 사고라고 할 수 있습니다. 왜 마틴이 그런 원초적인 사고를 하게 되었는지에 대해서 영화는 설명하지 않습니다.

신화의 계산법

일본의 신화학자 나카자와 신이치는 이러한 신화의 사고를 '대칭성의 사고'라고 설명한 바 있습니다. 이 영화를 해석하는 두 번째 열쇠는 바로 동일한 가치를 주고받아야 공평하다는 대칭성에 기반한 신화적 사고인 것이지요. 동일한 가치를 주고받는 것이 신화의 계산법임을 잊지 말아야 이해되는 일입니다. 사실 인간 세계의 정당한 결투나 복수는 몇백 년 전까지만 해도 범죄로 여겨지지 않았습니다. 신화 세계의 폭력은 21세기의 감수성으로 보면 그 수위가 엄청나게 높습니다만 그 폭력성과 별개로 눈에는 눈, 이에는 이의 논리가 살아있는 것이 신화인 것입니다. 그래서 심장 수술을 하다가 아버지를 잃은 마틴이 집도의 스티븐에게 당신도 똑같이 (본인이 아니라) 가족이 죽어야 공평한 것 아닌가, 그것이 정의에 가까운 것이 아닌가 반문하는 것이지요. 신화적으로야 맞는 이야기지만 현대의 관객에게는 꽤나 이해하기 어려운 일입니다. 이런 간극이 이 영화를 난해하고 어려운 영화로 만드는 이유라고 하겠습니다.

미케네의 왕이자 그리스군의 총사령관 아가멤논은 무소불위의 권

'이피게니아의 희생'(프랑수아 페리에, 1633)

력을 가진 자였지만 인간이었으므로 여신의 신성한 사슴을 죽였으니 그 딸을 희생 제물로 바칠 것을 요구하는 신의 권위에 무기력할 수밖에 없었습니다. 아가멤논이 할 수 있는 것은 딸 이피게네이아를 희생시킬 것인가 말 것인가를 결정하는 게 아니라 인간적으로 고민하는 것뿐입니다.

영화 속 스티븐은 아가멤논처럼 아버지(신성한 사슴)를 잃은 마틴(신적 존재)의 등가교환의 요구를 거절할 수 없습니다. 이미 자신이

한 일이 있기 때문입니다. 단순한 의료사고가 아니었고 술을 마신 상태에서 마틴 아버지의 수술에 임했다는 것이 밝혀집니다. 그럴 의도는 없었지만 사냥에 나갔다가 여신의 수사슴을 죽인 아가멤논처럼 환자를 죽일 의도는 없었지만 술을 마시고 심장 수술을 집도한 잘못은 지울 수가 없습니다. 스티븐이 선택할 수 있는 것은 아내와 아이들 중 누구를 희생시킬 것인지 결정하는 것뿐입니다. 그 결정의 과정이 러시안룰렛의 방법이라니 이런 부조리가 없는 것이죠. 인간이 아무리 발버둥 쳐도 신의 섭리와 요구에 불응할 수도 도망을 칠 수도 없습니다. 그리스 신화의 세계관에서는 신과 인간의 관계는 절대적입니다. 불멸의 신에게 인간이 거역하는 일이 생기면 죽임을 당하거나, 동물로 변신이 되거나, 혹여나 신의 실수로 죽게 되면 하늘의 별이 되곤 합니다. 신은 잘못을 저지르지 않습니다. 신이 행하는 일은 다 의미가 있습니다. 인간은 신의 의지를 거역하지 못합니다.

영화는 왜 마틴이 그런 신적인 존재인지에 대해서도 설명하지 않는 대신 관객에게 많은 의문을 던집니다. 이 영화는 함무라비 법전 같은 공평과 정의에 관해 말하고 싶었을까요? 과연 공평한 것은 무엇인가요? 의사는 신이 아닌데 실수를 인정하지 않는다는 점이 사건의 포인트일까요? 의사의 실수로 목숨을 잃은 사람과 그 가족에게 의사의 실수는 무엇일까요? 영화는 오래된 신화적 사고를 기반으로 과연 정의로운 것은 무엇인가에 대해 집요하게 질문하는 것 같습니다. 가끔 피해자와 가해자가 뒤집히는 부조리한 상황들에 대한 영화적 심판이라고 할 수 있을 것도 같습니다.

스스로 제물이 되는 것(〈킬링 디어〉의 한 장면)

과연 정의란 무엇인가?

조금 더 장면들을 더듬어 보겠습니다. 영화 초반에 보이던 의사들 모임에서 자신감 있게 연설을 하고 아름다운 아내와 부러울 것 없는 명성과 권위를 지닌 채 거침없는 삶을 살아가던 신과 같던 스티븐. 권력의 중심에 있어 무소불위의 미케네의 왕 아가멤논 같은 스티븐의 위치를 극명하게 보여주는 것은 아내와의 정사 장면입니다. 아름다운 안과의사인 그의 아내는 마취되거나 시체처럼 꼼짝하지 않고 마치 제단에 바쳐진 희생 제물처럼 남편과 성관계를 합니다. 스티븐이 희생 제물을 취하는 절대적인 신과 같은 존재라는 것을 암시하는 장면처럼 보입니다. 누워있는 존재는 순결하지만 무기력한 희생양, 신화 속 이피게네이아이며 신에게 바쳐짐으로써 아버지를 고통에서 구하게 되는 순결한 희생 제물인 사슴, 어린 밥이기도 한 것입니다. 비숫한 장면이 또 하나 있습니다. 마틴을 좋아하게 된 스티브의 딸 킴은 마틴 앞에서 마치 자신의 엄마처럼 속옷만 입고 마취되거나 제물처럼 바쳐지는 포즈를 취한 채 자신의 침대에 누워 마틴을 응시합니다. 신과 같은 마틴은 그런 스티브의 딸을 바라만 봅니다. 하지만 마틴이 자신을 원하리라는 그녀의 기대와 달리 마틴은 소녀를 건드리지 않습니다. 두려움에 떠는 순결한 희생 제물이 아니라 자발적으로 자신의 몸을 바치는 행위는 신이 원하는 방식이 아닙니다. 그런 제물을 받지는 않습니다. 상대가 공포와 두려움을 느끼고 어쩔 수 없이 고통 속에 제물로 바쳐지는 것을 원하는 것입니다. 마틴의 태도가 그렇습니다. 무자비하고 비인간적이지만 그것이 신성한 태도입니다.

사랑하는 딸을 제물로 바친 남편 아가멤논의 처사에 무기력했던 아내 클뤼타임네스트라의 상황도 마취 당한 듯이 남편 앞에 누워있던 스티브의 아내 모습과 겹쳐 보이기도 합니다. 이처럼 무소불위의 제왕과 같던 스티브의 위치가 마틴의 아버지를 죽게 만든 감춰진 진실들이 드러나면서 그 무게 중심이 순식간에 마틴으로 옮겨갑니다. 궁지에 몰린 스티브는 자신의 아들 밥을 희생시켜 신화적 정의를 구현하고, 이를 받아들인 듯한 마틴과 스티브의 가족은 마치 아무 일 없다는 듯 카페에서 마주칩니다. 그들에게 늘 그랬다는 듯 평화로운 일상이 펼쳐지고 마틴은 먼저 그 카페를 떠납니다.

마치 아프리카 초원의 누 떼들이 사자에게 잡아먹히지 않으려고 도망치다가 한 마리의 어린 희생양이 잡아먹히면 그 옆에서 아무 일 없다는 듯 평화롭게 풀을 뜯는 장면을 보는 것 같습니다. 사실 현대 사회에서도 많은 재난과 희생이 있습니다만 언제 그런 일이 있었던

'클뤼타임네스트라를 살해하는 오레스테스'(베르나르디노 메이, 1655)

가 싶게 빠르게 일상을 회복하는 상황에 대한 비판일까요? 가족의 안위를 위해 한 사람의 희생은 불가피하다, 혹은 슬픔과 고통이 있지만 겉으로 봉합되면 아무 일도 아닌 것처럼 느껴질 거라는 집단주의적 사고에 대해 풍자를 하는 것일까요? 영화가 어떤 질문을 던지든 모골이 송연해지는 느낌을 지우기 어렵습니다. 개인성이 두드러지는 현대 사회에서 집단의 생존이 우선시되는 오래전 사고방식을 단순히 신화라고 함부로 말하기 어렵다는 생각도 듭니다. 개체의 승리보다 집단의 승리, 가족의 생존이 먼저였던 것은 과연 과거의 비인간적인 처사였던 것일까요? 그렇다면 과연 폭력성이 극도로 순화되고 문명화된 현대 사회에서 개인과 집단의 관계는 달라졌을까요?

그리스 신화의 뒷이야기는 가족 살해의 막장으로 달려갑니다. 딸 이피게네이아를 희생양 삼아 트로이로 출항한 아가멤논은 트로이를 멸망시키고 10년 뒤 고향인 아르고스로 돌아옵니다. 전장에서 돌아온 날 아내인 클뤼타임네스트라는 자신의 정부와 함께 남편을 살해합니다. 그리고 비극적 가족 살해가 이어지지요. 눈앞에서 아버지가 살해당하는 것을 본 이피게네이아의 두 동생 엘렉트라와 오레스테스는 자신들의 아버지를 살해한 어머니 클뤼타임네스트라를 죽입니다. 신성모독과 가족 살해로 얼룩진 미케네 왕가의 신화를 저변에 깔아놓은 다음, 현대 사회의 부조리와 함께 공평함이 무엇이고 정의가 무엇인가 같은 문제를 기이한 방식으로 불러내는 영화가 요르고스 란티모스의 〈킬링 디어〉라고 분석됩니다.

7. 여신으로 등극한 엘사 여왕

〈겨울왕국 2〉(2019)

집집마다 아이들이 "렛잇고~ 렛잇고~"를 열창하던 것을 기억하시나요? 정말 그해 겨울은 렛잇고 열풍이 거셌습니다. 안데르센의 동화 『눈의 여왕』을 모티프로 해서 만들어진 디즈니의 〈겨울왕국〉(2013)은 전 세계 어린이들의 어마어마한 인기를 누렸습니다. 그 후속편인 〈겨울왕국 2〉(2019)는 1편보다 흥행에 더욱 성공해서 역대 세계 애니메이션 박스오피스 1위, 대한민국 애니메이션 관객 수 1위, 실사 영화와 합한 기록으로 역대 세계 박스오피스 11위 등에 랭크되며 그야

말로 '대박'의 기염을 토했습니다. 이런 〈겨울왕국 2〉의 놀라운 스토리텔링의 열쇠는 다름 아닌 신화입니다.

디즈니의 장편 애니메이션 서사 전략은 첫 작품이었던 〈백설 공주〉(1937)에서 시작해 〈신데렐라〉(1950), 〈잠자는 숲속의 미녀〉(1959), 〈인어공주〉(1989), 〈미녀와 야수〉(1991)처럼 그림 형제의 동화들, 그러니까 서양 고전 동화를 디즈니식으로 다시 쓰는 방식을 채택해왔습니다. 그 후 디즈니 애니메이션은 텔레비전의 등장으로 예전 같지 않은 시기도 있었지만 1990년대 〈인어공주〉, 〈라이언킹〉, 〈알라딘〉, 〈미녀와 야수〉 같은 연이은 장편 애니메이션들의 성공으로 제2의 전성기를 맞이합니다. 그러나 CG와 3D를 내세우며 등장한 픽사와 드림웍스 같은 반-디즈니 성향의 애니메이션 신흥강자들과 맞서 고전을 면치 못하게 됩니다. 위기의 디즈니는 픽사와 다시 합병을 하면서 과거의 영광을 되찾게 됩니다. 그 개가를 이룬 애니메이션 시리즈가 〈겨울왕국〉과 〈겨울왕국 2〉라고 할 것입니다.

디즈니 장편 애니메이션 중에서도 〈겨울왕국 2〉는 신화의 활용이 두드러지는 작품입니다. 〈겨울왕국 2〉의 신화 활용은 북유럽 신화의 공간을 애니메이션의 서사적 공간으로 활용한다는 점, 연금술의 4원소설을 4가지 캐릭터로 활용하고 있다는 점, 영원할 것 같았던 디즈니의 공주 신화를 전략적으로 변화시키고 있다는 점입니다. 이 세 가지의 신화 활용과 변용은 대표적인 신화 스토리텔링으로서 디즈니의 서사가 더욱 강력하고 발 빠르게 세계화하는 과정을 보여주고 있습니다. 첫 번째와 두 번째 활용은 기존의 북유럽 신화와 연금술이라는 아주 오래되고 보편적인 이야기로서의 신화와 연관이 있으며 세 번째 변용은 디즈니 이데올로기의 근본적인 변화와 관련됩니다.

북유럽 신화의 서사 공간

〈겨울왕국 2〉의 서사 공간은 크게 엘사의 왕국인 아렌델 왕국, 마법의 숲, 아토할란으로 나뉘어 있습니다. 이는 북유럽 신화가 보여주는 3층 세계관 구조와 동일합니다. 북유럽 신화의 세계관은 '이그드라실'이라는 우주목(cosmic tree)을 축으로 아래에서부터 얼음의 나라 니플헤임, 인간과 거인, 난쟁이들이 사는 미드가르드, 신들의 세계 아스가르드로 나뉘어 있습니다.

흔히 인간이 죽으면 하늘로 가거나 땅속 지하세계로 간다는 신화의 공간적 구조는 천계(하늘나라)—인간계(이승)—지하세계(저승)의 3층 수직 구조로 인류 보편의 세계관이라고 할 수 있습니다. 북유럽 신화에는 이 3층 구조가 정확한 명칭을 가지고 뚜렷하게 남아 있습니다. 〈겨울왕국 2〉의 줄거리는 아렌델 왕국의 여왕 엘사가 어느 날 밤 들려온 아름다운 목소리를 따라 자신이 가진 초능력의 비밀을 풀기 위해 동생 안나, 안나의 남자 친구 크리스토프, 눈사람 올라프, 순록 스벤과 함께 떠나는 모험 이야기입니다. 엘사는 금지된 마법의 숲으로 들어가 노덜드라 사람들을 만나고 말의 형상을 한 물의 정령 녹을 길들이며 모든 것을 다 아는 강을 넘어 이상향인 아토할란으로 갑니다. 엘사의 여정은 북유럽 신화의 얼음의 나라 니플헤임(아렌델 왕국)—여러 종족이 사는 미드가르드(마법의 숲)—신들의 세계 아스가르드(아토할란)를 관통하는 우주목 이그드라실을 아래에서부터 위로 거슬러 올라가는(우주목이 자라는) 방향성과 운동성을 보입니다.

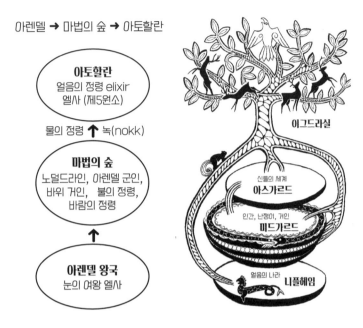

아렌델 → 마법의 숲 → 아토할란

아토할란
얼음의 정령 elixir
엘사 (제5원소)

물의 정령 ↑ 녹(nokk)

마법의 숲
노덜드라인, 아렌델 군인,
바위 거인, 불의 정령,
바람의 정령

↑

아렌델 왕국
눈의 여왕 엘사

이그드라실

아스가르드
신들의 세계

미드가르드
인간, 난쟁이, 거인

니플헤임
얼음의 나라

〈겨울왕국 2〉의 서사 공간과 북유럽 세계관

엘사는 지상에서 천상계로, 인간 세계에서 신들의 세계로 승천하는 수직 상승의 방향으로 움직입니다.

물의 정령 녹을 타고 강을 건너야 한다는 것은 마치 그리스 신화의 스틱스 강이나 성경에 나오는 요단강을 건너는 듯도 합니다. 물의 정령 녹은 북유럽 신화의 주신 오딘의 애마 슬레이프니르처럼 인간 세계와 신들의 세계, 지하세계를 건너 날아다닐 수 있는 물의 말입니다. 영화 속 마법의 숲은 노덜드라 사람들, 아렌델의 군인들, 흙의 정령 바위 거인, 불의 정령 브루니, 바람의 정령 게일, 물의 정령 녹이 모두 함께 안개 속에 갇힌 채 살고 있는 금지의 땅입니다. 그 금지의 땅을 열고 들어가는 것이 바로 여왕 엘사입니다. 다른 사람들은 수십 년간 왕래를 못하고 갇혀 살았지만 엘사는 그 안개의 벽을 큰 어려움 없이 통과합니다. 보통세상이 아니라 특별한 세상으로의 진입은 선택된 자만이 할 수 있습니다. 세계수 이그드라실을 밑에서 위로 거슬러 올라가는 엘사의 영웅적 여정은 조지프 캠벨의 원질 신화(monomyth)를 원형으로 하는 크리스토퍼 보글러의 영웅의 여행 모델을 그대로 따라갑니다.✦

아렌델 왕국에서 평화로운 일상을 영위하던 여왕 엘사는 정체를 알 수 없는 아름다운 목소리에 이끌려 특별한 세계인 마법의 숲으로 들어갑니다. 거기에서 적과 동지를 구분하고 자신이 어떤 운명을 가진 자인지, 자신의 소명이 무엇인가 깨닫게 됩니다. 불의 정령, 바람의 정령과 친구가 되지만 물의 정령 녹의 도움 없이는 천계인 아토할란으로 가는 것은 불가능하지요. 이 애니메이션에서는 명확한 적대자가 존재하지 않습니다. 악당은 영원히 악당인 디즈니 서사 전략에 변화가 엿보입니다. 엘사는 다른 정령들과 달리 유독 물의 정령 녹을 길들이고 친해지는 데 어려움을 겪습니다. 어쩌면 엘사의 진정한 안타고니스트는 녹으로 보일 정도입니다. 녹은 엘사의 여정의 최대 장애물이자 녹을 타야만 신들의 영역인 아토할란에 당도할 수 있는 반드시 극복해야 하는 존재이기 때문입니다. 그러나 가장 친한 친구는

✦ 크리스토퍼 보글러는 유명한 시나리오 컨설턴트로 17단계의 캠벨의 원질 신화를 12단계로 추려 영웅의 여행 모델을 제시했습니다. 분리—위축—입문—귀환의 단계는 1. 보통세상 2. 모험의 부름 3. 모험의 거절 4. 멘토를 만남 5. 문지방 넘기 6. 테스트, 적과 동지를 만남 7. 가장 안쪽 동굴로 접근 8. 호된 시련 9. 보상 10. 돌아오는 길 11. 부활 12. 엘릭시르를 가지고 귀환하는 과정입니다.

영웅의 여행 모델을 고스란히 따르는 엘사의 여정

싸우면서 친해집니다. 야생마를 길들이듯 녹과의 힘겨루기 과정을 거쳐 엘사는 결국 녹을 타고 아토할란에 당도하고, 자신이 보통 인간이 아니라 정령이라는 사실을 운명적으로 받아들입니다. 이미 세상을 이루는 4가지 요소가 다 있는데 아토할란을 건너간 정령 엘사는 과연 어떤 존재일까요? 영웅 엘사는 누군가와의 대결에서 이겨야 하는 인물이 아니라, 자기 자신의 능력을 스스로 시험하고 증명하면서 자아정체성을 확립해야 하는 성장하는 인물입니다. 전 세계의 많은 어린이들은 이런 엘사와 동일시하며 평생을 통해 자신이 누군지를 깨달아야 한다는 사실을 배웁니다. 그 과제를 해결하면 아이는 자신이 어떤 존재인지 알게 될 테지요. 자신의 존재를 증명하는 일은 엘사뿐 아니라 인간이면 누구나 원하는 일이 아닐까요? 주인공 엘사가 신의 영역에 도달하고자 분투하는 성장 캐릭터라는 점이 이야기의 보

편성을 지닌 〈겨울왕국 2〉의 세계적인 대박 흥행을 가능케 했던 것
같습니다.

4원소의 정령

4원소의 정령들은 새로운 정령으로 등극하는 엘사를 보조하는 캐
릭터들입니다. 불의 정령 브루니, 바람의 정령 게일, 흙의 정령 바위
거인, 물의 정령 녹까지 이 네 정령들은 세상을 이루는 4가지 원소설
에서 유래합니다. 물, 불, 공기, 흙의 네 가지 원소가 세상을 구성한다
는 주장은 고대 그리스의 엠페도클레스가 주창했고 철학자 아리스토
텔레스가 그의 이론을 수용하면서 널리 받아들여지게 되었습니다. 4
원소와 4정령은 명백하게 일치합니다. 물, 불, 공기, 흙은 우리가 익숙
한 트럼프 카드의 하트, 클로버, 스페이드, 다이아몬드에 순서대로 대
응합니다. 이 4가지 원소를 자유자재로 다루는 자는 세상 모든 만물
을 자유자재로 조절하고 능숙하게 다루는 마법사, 즉 연금술사라고
불렸습니다.

영화 〈해리포터와 마법사의 돌〉에서 해리가 손에 쥐고 있던 붉은
루비 원석 같던 마법사의 돌 혹은 현자의 돌이라고도 불린 물질, 모든
비금속을 귀금속으로 바꾼다는 세상에서 가장 귀한 존재가 궁극의
물질 엘릭시르(elixir)입니다. 영웅이 마지막 귀환에서 가지고 와야
하는 최종적 물질을 비유적으로 엘릭시르라 부르며, 세상의 모든 연
금술사가 앙망해 마지않는 궁극의 물질, 보통 사람들에게는 저마다
영웅으로서 성취해야 하는 삶의 최종 목표라고 말할 수 있습니다.

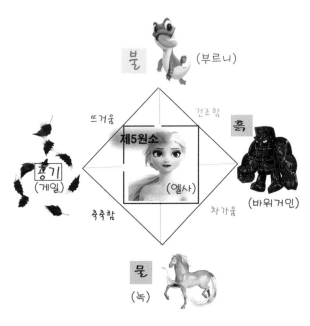

불 (부르니)

뜨거움

건조함

제5원소

(엘사)

흙 (바위거인)

공기 (게일)

축축함

차가움

물 (녹)

4정령들과 제5원소 엘사

그것은 가장 오래되고, 가장 신비스럽거나 생소하며, 자연처럼 불가사의하고, 하늘의 것이고, 축복받고 신성한 것이다. 그 돌은 진짜이며, 확실성 자체보다 더 확실하고, 비밀 중의 비밀이다. 무지한 자들에게는 나타나지 않는 신의 미덕과 권능이며, 하늘 아래 만물의 종착점이자 목표이고, 모든 현자들의 작업의 결정적이고도 놀라운 결론인 것이다. 이 돌은 모든 요소의 완전한 본질이며, 어떤 요소도 침범하거나 훼손할 수 없는 불멸의 본체이자 정화의 극치이다. 그것은 자신 안의 신의 정신을 소유한 살아있는 수은의 분신이고, 영원한 빛이고, 모든 보물 중에 가장 값진 불사조의 영광인 것이다. 그것은 자연의 모든 것 중에서 가장 귀중한 재산이다.✦

이 엄청나게 화려한 수사를 받는 제5원소가 〈겨울왕국 2〉에서는 다름 아닌 엘사, 그 자체입니다. 〈겨울왕국 2〉에서 물/불/공기/흙의 정령들은 마치 엘사의 부하처럼 그려지지요. 4원소의 정령들을 자유자재로 부리는 엘사는 더 이상 인간이 아닌 여신이라 할 수 있으며 성공한 연금술사이자 마법사입니다. 그러므로 정령 중의 정령 엘사는 인간계인 아렌델 왕국을 동생 안나에게 미련 없이 물려줍니다.

그런데 이쯤에서 왜 북유럽 신화인가 하는 의문이 생깁니다. 그리스 신화는 더 이상 새롭지 않고, 켈트 신화는 복잡하고 어려운 데다가 잘 알려지거나 정리되지 않았습니다. 새롭고 어렵지 않은 환상적인 이야기를 하고 싶은 디즈니 스튜디오의 지향과 일치하기 어렵습니다. 세계의 신화 중에서도 이집트 신화나 인도 신화는 너무 많은 신들이 등장하고 전 세계 사람들에게 어필하기엔 쉽지 않습니다. 그에 비해 북유럽 신화는 상대적으로 덜 복잡하고 심정적으로 친근함을 느끼지만 그리스 신화에 비해 덜 알려져 있습니다. 밝고 명랑한 분위기의 그리스 신화와는 달리 북유럽 신화는 사뭇 다른 비장하면서도 운명적이고 신비스러움을 지닌 세계관과 분위기를 갖고 있기 때문에 무척이나 매력적으로 다가옵니다. 더구나 판타지 영화들에서 이미 북유럽 신화적 존재들이라 할 수 있는 요정이나 트롤, 거인과 난쟁이들은 익숙하기 때문에 거부감 없이 받아들여집니다. 이미 마블은 신화적으로는 아주 오래전에 죽은 천둥신 토르를 끌어들여 마블 유니버스를 풍요롭게 만들었던 전례를 보여줬습니다. 이제 디즈니는 공

✦ 안드레아 아르마티코, 『연금술』, 성기완 역, 시공사, 1999, 66쪽.

사미족 순록 썰매

주를 여신으로 등극시키며 신화적 세계를 확장하고 있습니다.

순록 유목민 사미족과 요이크

마법의 숲에 사는 노덜드라 사람들은 스칸디나비아반도 북쪽에 사는 순록치기 원주민 사미족을 연상시킵니다. 오로라가 너울대는 척박한 얼음 세계에서 순록 썰매를 타고 사미 드럼✦을 치며 오랜 기간 기독교에 의해 핍박받던 순록 유목민 사미족들은 요이크(yoik)라는 전통적인 노래를 부릅니다. 엘사를 모험으로 불러내는 미지의 아

✦ 사미 드럼은 사미족들의 전통 북으로 현재 71개만이 남아 있다고 합니다. 사미 드럼은 샤먼의 무구로 사미 신들의 뜻을 전하기도 하고 모든 가족이 드럼을 가지기도 했습니다. 그러나 스칸디나비아에 전해진 기독교는 16세기 사미족의 기독교 개종을 강요하며 샤먼을 처형하고 드럼을 폐지했던 역사가 있습니다.

름다운 목소리가 부르는 노래가 그들의 요이크와 아주 많이 닮아있습니다. 사미족이 사는 라플란드뿐 아니라 스칸디나비아반도의 스웨덴이나 덴마크에서는 아직도 방목하는 소들을 저녁마다 젊은 여성이 하이 소프라노의 노래로 불러들여 집으로 돌아갑니다. 소위 카우 콜링(cow calling)이라는 전통적인 방법이라고 합니다. 이 스칸디나비아 사람들의 신화적인 삶은 〈겨울왕국〉 시리즈 스토리텔링의 원천이 된 것입니다. 덴마크 작가 안데르센이 쓴 『눈의 여왕』이 〈겨울왕국〉의 모티프가 된 작품이라니 북유럽 신화의 활용은 아주 자연스러운 귀결이었을지도 모르겠습니다.

북유럽 신화는 스칸디나비아 신화, 노르딕 신화와 동일한 의미로 쓰이고 게르만 신화라고도 불립니다. 북유럽 신화의 지리적 배경은 스웨덴, 덴마크, 노르웨이 같은 스칸디나비아 지역입니다. 스칸디나비아 북쪽 라플란드(혹은 사프미 Sapmi)는 북유럽 신화와는 다른 순록유목민 사미족들의 고유한 신화가 있습니다. 마법의 숲에 사는 노덜드라 사람들은 라플란드의 사미족을 형상화한 것입니다. 사미족은 북극권이라 할 수 있는 노르웨이, 스웨덴, 핀란드의 북부와 러시아의 콜라반도에까지 널리 퍼져 살았습니다. 최근 사미 자치공화국을 이루고 자신들의 정체성을 찾고자 하는 아주 오래된 유럽의 소수민족입니다.

이 지역들이 기독교로 개종한 이후 자신들의 고유 신화와 믿음을 신봉하는 사미족들은 이교도로 오래 핍박받아왔습니다. 자신들의 종교와 음악 등을 박탈당하고 북쪽의 이방인들이라고 심한 차별을 받아왔던 사미족들은 백인의 외모를 한 사람들도 있지만 유럽인들보다

키가 작고 아시아인과 비슷한 외모에 광대뼈가 높은 특징을 보입니다. 핀란드의 핀족과 유전적으로 많이 가깝다고 하며 머리칼과 눈동자가 검은 사람들이 많습니다. 토펠리우스는『별의 눈』이라는 유명한 핀란드 동화를 쓴 작가로 핀란드의 신화 서사인『칼레발라』를 수집했던 중요한 인물입니다. 목사 부부가 라플란드의 눈밭에 버려진 사미족의 아이를 데려와 한 가족으로 살기로 합니다. 그러나 목사 부인은 모든 것을 꿰뚫어 보는 신비한 능력을 가진 아이를 두려워한 나머지 목사가 집을 비운 사이 이웃 여자와 함께 별의 눈을 가진 아이를 다시 눈밭에 버리는 이야기가『별의 눈』입니다.

그러니까〈겨울왕국 2〉는 북유럽 신화의 세계관과 사미 신화적인 요소들이 함께 어우러진 이야기인 것이지요. 여왕 엘사를 모험으로 이끄는 아름다운 노랫소리는 사미족의 요이크 같습니다. 엘사는 어린 시절 동생 안나와 함께 엄마가 들려주던 '아토할란 강이 모든 것을 알고 있다'는 자장가의 가사를 기억해냅니다. 엘사의 엄마 이두나는 노덜드라 유력 가문 출신으로 요이크 같은 노래를 불러 준 것입니다. 마을이 위기에 빠지자 엘사 일행은 그 노래를 따라 출입이 금지된 마법의 숲으로 들어갑니다. 그 숲속에서 만나는 사람들이 순록치기들인 노덜드라 사람들입니다. 노덜드라 사람들은 아메리카 인디언을 연상하게도 하는데 그들의 지도자는 하얀 머리를 길게 땋은 현명한 할머니입니다.

사미족 신화에서 태양의 어머니이자 대지의 여신의 이름은 마데라카(Maderakka)입니다. 인간에게 순록을 선물로 준 여신이기도 합니다. 극지방에 사는 사람들에게 태양은 대지의 어머니 여신이며 모

사미 드럼에 그려진 마데라카의 세 딸(여신)

든 생명들의 어머니이기도 합니다. 여신 마데라카는 콜라 반도 사미 족들의 신화에서는 인간의 모습을 한 '황금 뿔을 가진 하얀 순록' 므 얀다스의 어머니이기도 합니다. 위대한 어머니 여신 마데라카는 세 명의 딸/여신을 두었는데 그들의 이름은 사라카(Sarakka), 우크사카 (Uksakka), 주크사카(Juksakka)입니다.

사라카는 맏딸로 어머니 마데라카가 건넨 영혼을 제일 처음 받아 태아로 만든다는 여신입니다. 오두막 한가운데 사는 화로의 여신이 기도 한 사라카는 삼신할미면서 불의 여신인 존재입니다. 사미족 여 성들의 임신부터 출산까지를 돕고 특히 여자아이들을 보호한다고 합 니다. 우크사카는 가정과 어린이를 보호하는 문지방 신으로 텐트나 움막의 입구에서 엄마와 아이를 지키는 여신입니다. 사미 사람들은 우크사카를 즐겁게 하기 위해 문지방에 종종 술을 붓는다고 합니다. 아이의 출생 후 성장을 책임집니다. 막내딸 주크사카는 활의 여신이며 사내아이들을 보호하는 여신으로 태아의 성별 결정에 관여합니다. 주크사카가 얼음을 얼게 하는 장면은 흡사 날카로운 화살을 날리는 것 같은 이미지를 갖고 있습니다. 마치 엘사가 손을 뻗어 순식간에 얼음을 얼게 만드는 장면은 활을 쏘는 주크사카 같다는 생각이 듭니다. 주크사카는 아이들에게 걸음마를 가르치는 여신이기도 합니다. 위대한 어머니 여신 마데라카의 세 딸은 삼위일체의 신들로 보이며 사미 드럼에 도상으로 등장합니다.

〈겨울왕국 2〉의 엄마 이두나와 엘사와 안나 자매는 마치 사미족의 삼위일체 여신인 사라카, 우크사카, 주크사카를 연상시킵니다. 마법의 숲에 들어간 엘사는 노덜드라 족장인 현명한 노파를 만나면서 자신이 누구인지를 알게 됩니다.

공주가 아닌 여왕, 여왕도 아닌 여신

〈겨울왕국 2〉의 세 번째 신화적 변용은 디즈니의 공주 서사가 어떻게 변화하는지를 암시합니다. 유럽의 명작동화들을 디즈니식 각색을 통해 애니메이션으로 만들어 온 디즈니의 전략은 굳건한 공주 신화를 기반으로 해왔습니다. 초창기 디즈니 공주들은 순종적이고 예쁘기만 했습니다. 백설 공주, 신데렐라, '잠자는 숲속의 미녀'의 오로라 공주가 디즈니 1세대 공주라고 할 수 있습니다. 그리고 인어공주와 '미녀와 야수'의 벨, 알라딘의 자스민 공주 같은 말괄량이 당돌한 공주들이 있습니다. 2세대 공주들은 1세대 공주들보다는 활달한 여성

디즈니 애니메이션의 새로운 방향을 보여준 엘사

상을 보이지만 여전히 그 귀엽고 활달함에서 멈추는 캐릭터들이라고 할 수 있습니다. 공주가 아니지만 왕자와 결혼하여 공주가 되기도 합니다. 자스민 공주, 포카혼타스, 뮬란, '공주와 개구리'의 주인공 티아나는 유색인종 공주들이어서 서양 백인 중심이던 공주의 범주가 다소 넓어집니다. 정확하게 세대를 구분하기 애매하지만 메리다나 라푼젤에 오면서 디즈니의 공주 서사는 나름 주체적이고 능동적이며 왕자와의 사랑이 드러나지 않는 방향으로 변화합니다. 메리다는 연애를 하지 않고 라푼젤은 초능력을 가지고 있습니다. 말하자면 3세대 공주들이라고 할까요? 그럼에도 불구하고 디즈니는 공주 서사를 포기하지 못했습니다. 그러다가 디즈니의 공주 신화는 〈겨울왕국 2〉에서 확연하게 변하기 시작했습니다. 엘사는 사실 공주가 아니라 여왕이며, 치렁치렁한 드레스를 벗어던지고 레깅스 같은 바지를 입기 시작하고, 여동생을 소중하게 여기며, 왕자의 키스가 필요하지 않은 여왕으로 디즈니 공주들과는 확연한 차이를 보였습니다. 그런데 그 변화의 방향은 엘사를 인간 공주나 여왕이기를 넘어서 비인간계인 정령들을 조정하는 가장 강력한 정령, 즉 여신의 차원으로 끌어올립니다. 이제 신들의 세계 아토할란으로 승천하며 여신이 되는 엘사가 주인공인 서사는 디즈니 명작동화 시리즈에서 디즈니 신화의 수준으로 끌어올려질 것 같습니다.

디즈니 공주 신화의 결정판인 〈겨울왕국 2〉의 주인공 엘사는 인간인 여왕을 넘어 여신으로 등극하는 중입니다. 디즈니의 세계는 인간 시대가 저물고 신들의 시대로 진입하고 있는 것일까요? 이미 마블의 영웅들은 모두 디즈니의 일원이 되었으니 디즈니의 여신 엘사가 어벤져스의 멤버로 등장하는 것도 시간 문제일지 누가 알겠습니까?

8. 뱀파이어 에로스

〈드라큘라〉(1992)

살아있는 존재에게 죽음만큼 절대적인 두려움과 공포를 불러일으키는 것은 없습니다. 죽음은 삶의 종결이자 개체의 종말이므로 세상의 모든 종교는 죽음을 극복하려 분투하고, 수많은 예술 작품들은 그 근원적 두려움에 사로잡힌 인간 심성을 그려내기도 합니다. 신화도 죽음을 극복하기 위해 아주 오래전부터 상상력을 발휘해 왔으며 죽음에 대한 두려움을 무섭거나 아름다운 이야기로 만드는 데 기여해 왔습니다. 누구도 피할 수 없는 일인 동시에 살아있는 존재는 경험할 수 없기 때문에 죽음이 신화와 예술의 원천 소재가 된 것은 너무도 당연한 일입니다. 그리고 삶과 죽음이 교차하는 이야기의 정점에는 무엇보다 '흡혈귀 신화'가 존재할 것 같습니다. 드라큘라, 구울, 강시처럼 이름이 다르긴 하지만 흡혈귀 뱀파이어 신화는 전 세계에 보편적으로 존재합니다.

그런데 왜 인간의 피를 빠는 흡혈귀 이야기가 보편적인 것일까요? 우리의 옛이야기들에서도 살을 취하고 피를 빠는 행위는 어렵지 않게 찾아볼 수 있습니다. 병으로 죽어가는 부모에게 손가락을 끊어서 입안으로 피를 흘려 넣어 살리거나 조금 더 엽기적이긴 하지만 자신의 허벅지 살을 잘라 국을 끓였다는 효자 이야기는 어린 시절 한 번쯤은 들어보았을 것입니다. 냇물에 떠내려오는 오이나 복숭아를 건져 먹고 생명을 잉태하는 이야기만큼이나 동서를 막론하고 인간의 피와 살을 먹는 것은 생명을 살리고 유지하는 방법이었지 유난하고 괴이 쩍은 이야기가 아니었던 것입니다.

피와 살은 생명 그 자체라는 등식이 신화가 만들어졌던 원시 고대 사회에서 경험적으로 믿어진 것만은 아닙니다. 로만 가톨릭과 같은 고등종교에서도 영성체를 모시는 것은 중요한 종교 의례입니다. 생명과 피와 삶의 에너지 그리고 그것을 탐하는 죽음의 유혹 사이의 진한 관계는 뱀파이어 신화에서 만개했대도 과언이 아닙니다. 더욱이 피를 빠는 뱀파이어가 흉측스럽고 두려운 괴물이 아니라 필살의 미모를 지닌 아름다운 꽃미남이나 미녀 뱀파이어라면 죽어도 좋을 만큼 에로틱한 상상력을 자극하기도 하지요.

유럽의 낭만주의 고딕소설 속에서 되살아난 뱀파이어는 전통적인 신화나 민담에서 등장하던 무섭기만 한 괴물이 아니라 보들레르의 시에서처럼 에로티시즘을 장착하면서 관능적인 죽음의 유혹자가 되어 버립니다. 그리고 '흡혈귀의 변형'이라는 시의 마지막 부분에 이르면 관능의 에로스는 짙은 허무주의로 마무리되지요. 조르주 바타이유◆가 '죽음까지 파고드는 삶'이라고 정의했던 에로티시즘은 죽음만 존재해서도, 삶만 있다 해서도 생겨날 수 없는 삶과 죽음의 강렬한 교차가 만들어내는 어떤 매혹의 찰나일 것입니다. 그러한 에로티시즘의 정조가 뿜어져 나오는 대표적인 고딕소설이 브램 스토커의 『드라큘라』(1897)이고, 그것을 가장 충실하게 영화화한 작품이 프란시스 포드 코폴라 감독의 〈드라큘라〉(1992)입니다.

코폴라 감독의 정통 흡혈귀 영화

프란시스 포드 코폴라 감독은 1970년대 미국 영화의 뉴웨이브를 이끈 감독 중 한 명으로 〈대부〉 시리즈와 〈지옥의 묵시록〉으로 유명합니다. 영화사적으로 최초의 흡혈귀 영화는 제1차 세계대전이 끝난 시기 폐허가 된 독일에서 만들어집니다. 독일 표현주의 사조의 대표작인 프리드리히 빌헬름 무르나우 감독의 〈노스페라투〉(1922)는 브램 스토커의 소설을 원작으로 했지만 저작권 문제로 인해 제목을 바꿔 상영했습니다. 이후 히틀러의 등장으로 독일 사회가 전체주의로 치닫기 시작하던 시기에 많은 독일 표현주의 영화를 만들었던 인재들이 대거 미국으로 이주합니다. 그리고 그들과 함께 원조 뱀파이어

◆ 조르주 바타유(Georges Bataille, 1897~1962)는 프랑스의 소설가이자 사상가로 에로티시즘을 '금기와 위반, 그리고 죽음'의 관점에서 분석한 것으로 유명합니다.

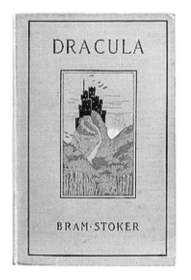

브램 스토커의 소설 『드라큘라』(1897)　　　무르나우 감독의 〈노스페라투〉(1922)

영화 속 드라큘라 백작이 할리우드의 유니버설 영화사에서 재탄생하게 됩니다. 벨라 루고시가 당시의 드라큘라 전문 배우였는데 연미복을 입고 머리에 포마드를 발라 빗어 넘긴 멋진 귀족 드라큘라 백작으로 열연합니다. 밤마다 아름다운 여자들을 유혹해 하얀 목을 깨물어 피를 빠는 장면은 무척 에로틱합니다. 흑백영화라 선혈이 낭자하지는 않습니다만 그래서 더 우아하고 고혹적인 이미지로 느껴지곤 합니다. 그렇게 뱀파이어의 희생자가 된 여자들은 똑같이 뱀파이어가 되어 남자들을 유혹하고 피를 빨게 됩니다. 이런 뱀파이어 전염력은 강렬하고, 하나가 되고자 하는 인간들의 에로틱한 욕망은 끝없이 퍼져나갑니다. 많은 학자들은 좀비나 뱀파이어에게 희생된 존재들이 이성을 잃고 몰려다니며 피와 살을 탐닉하는 좀비나 뱀파이어가 된다는 점에서 '집단 광기에 대한 은유'라고 해석합니다.

타인의 살까지 탐하는 좀비와 달리 뱀파이어는 피만을 먹습니다. 부두교의 살아있는 시체인 좀비는 20세기에 등장한 존재여서 흡혈귀만큼 역사가 오랜 신화적 괴물은 아닙니다. 희생자의 피를 마심으로써 상대를 동일한 뱀파이어로 만든다는 것은 비록 폭력적이지만 현대 사회의 고독한 개인들이 상대를 물고 빨아서라도 소통하려는 열망을 표현한 것은 아닐까요? 피를 빨고 살을 씹는 식인 풍습은 타인과 하나가 되고자 하는 개체의 욕망이기도 하니까요. 오래전 족내 식인과 족외 식인이 다른 의미를 지닌다는 인류학 서적을 흥미롭게 읽은 기억이 있습니다. 족내 식인은 영성체 의식과 같은 맥락을 지녀서 아무나의 살을 씹는 것은 아니고 종족 내에서 존경받던 수장이나 종교 지도자의 살을 조금 씹으며 그의 영혼이 내게도 거하기를 염원하는 의식이라고 했습니다. 이와 달리 족외 식인은 능멸의 의미를 내포합니다. 우리 옛이야기인 『장화홍련전』에서 예를 찾을 수 있습니다. 어머니의 사주를 받고 의붓누이 장화와 홍련을 살해한 이복동생 장쇠에게 내려진 형벌은 능지처참이었습니다. 그게 끝이 아니라 원님은 찢겨진 장쇠의 살로 젓갈을 담아 제 어미에게 보내라고 판결합니다. 현대의 폭력 감수성으로 느끼기에 그 엽기성은 거의 최고조라는 생각이 듭니다. 자식의 살을 그 어미에게 씹으라는 것만큼 능멸의 형벌이 또 있을까요?

이제 코폴라 감독의 영화 〈드라큘라〉(1992)의 서사를 따라가 보겠습니다. 영화는 십자군 전쟁이 한창이던 시대 동유럽의 트랜실바니

피를 빠는 드라큘라

아에서 시작됩니다. 용맹스러운 드라큘라 백작이 이교도와의 전쟁에 출정합니다. 그에게는 사랑하는 부인 엘리자벳이 있었습니다. 불길한 예감에 사로잡혀 자신을 붙잡는 아내를 뿌리치고 백작은 전쟁터에 나가 적을 크게 무찌르지만 적들의 간계로 부인 엘리자벳에게 남편이 전사했다는 거짓 편지가 전해집니다. 낙담한 그녀는 성 아래로 몸을 던져 죽고 맙니다. 전쟁에 승리하고 돌아온 드라큘라 백작은 아내의 자살 소식에 망연자실하고 자살한 영혼은 천국에 들어갈 수 없다는 사제들의 말에 분개하여 그들을 죽이고 신을 저주하며 배교합니다. 그 결과 드라큘라 백작은 영원히 죽지 않는 악의 영혼을 가진 자가 되지요.

오랜 세월이 흐른 후 런던의 부동산 중개소 직원인 조나단 하커는 트랜실바니아의 드라큘라 백작에게 런던 시내에 있는 저택을 팔기 위해 출장을 옵니다. 첫날부터 음산하고 이상한 일에 휘말리던 조나단은 성 안을 돌아다니다가 3명의 아름다운 뱀파이어들에게 유혹을 당합니다. 죽음의 세력이 관능적인 성적 유혹을 하는 이 장면은 에로티시즘이 무엇인지 적나라하게 보여줍니다. 너무나 황홀하고 좋은데 두려운 그 복잡한 감정이 이처럼 잘 표현된 장면도 다시 없을 것 같지요. 두려움에 사로잡힌 조나단은 며칠 뒤 천신만고 끝에 탈출을 하고 드라큘라 백작은 자신의 런던 집으로 이주를 합니다. 그가 런던에 온 이유는 자신의 사랑하던 아내가 환생했기 때문이었고 그녀를 되찾기 위해 온 것이었습니다. 극장 앞에서 미나를 만나고 그녀는 정체를 알 수 없는 이국의 왕자라는 드라큘라 백작에게 마음을 빼앗깁니다. 미나는 조나단 하커의 약혼녀였습니다. 조나단 하커가 돌아와 상황을 알게 되지만 미나는 몽유병에 시달리고 친구인 루시는 드라큘라의 방문을 받고 흡혈귀가 됩니다. 루시가 뱀파이어가 되자 유명한 뱀파이어 헌터 반 헬싱 박사와 조나단 일행은 그녀를 지키려 하지만 실패하고 맙니다. 뱀파이어가 된 루시는 갓난아기를 사냥해서 자신의 관으로 찾아들고 일행의 손에 의해 심장에 은말뚝이 박힙니다. 루시는 목이 잘리고 나서야 뱀파이어의 저주에서 풀려납니다. 달아나는 드라큘라를 잡기 위한 그들의 추격전이 시작되고 미나는 사랑과 종교의 힘으로 드라큘라의 저주받은 불멸의 영혼을 구원합니다. 발흥하는 악에 대한 기독교의 승리와 구원이라는 파우스트적 주제가 돋보이지만 영화에서는 그 종교적인 주제의식보다는 시간을 뛰어넘는 할리우드적 로맨스가 더 강조되고 있습니다.

피의 판타지와 에로티시즘

프랑스의 유명한 뱀파이어 학자인 장 마리니(Jean Marigny)가 쓴 책『흡혈귀 잠들지 않는 전설』에는 뱀파이어 신화를 '피에 관한 판타지'라고 설명합니다. 그는 피의 의미를 서양 사상의 두 축인 헬레니즘과 헤브라이즘으로 나누어 분석하지요. 헬레니즘 전통에서 잠자는

코폴라 감독의 〈드라큘라〉의 장면들

젊은 남자의 정기를 빨거나 갓난아기를 잡아먹는 엠프사, 라미아, 스트리게 같은 사악한 여신들을 뱀파이어의 원형으로 꼽습니다. 그들은 생명의 정수인 피나 피와 동일한 것으로 여겨지던 남자의 정액을 취하고 갓 태어난 아기를 잡아먹습니다. 지워지거나 몰락한 고대의 여신은 삼위일체인 경우가 많은데 영화 〈드라큘라〉에 등장하는 3명의 유혹자로서 여성 뱀파이어들은 그 신화적 원형 이미지 같습니다. 이와 같이 고대 그리스로부터 피는 생명의 정수, 없으면 죽는 것이라는 개념이 존재했습니다. 과학적으로도 그렇습니다.

헤브라이즘의 전통에서는 다시 구약과 신약으로 나뉘어 피의 의미를 설명합니다. 구약의 외전에 등장하는 아담의 첫 번째 부인 릴리트와 둘째 부인 하와(이브)는 모두 인간이 낙원에서 쫓겨나는 데 기여한 원죄적인 여성들입니다. 그들의 원죄의 증거는 여성의 월경으로 월경혈은 오염되고 더러운 피로 간주되었습니다. 특히 릴리트는 아담보다 먼저 흙으로 빚어 숨을 불어넣은 존재였으나 성에 어두운 아담을 떠나 스스로 에덴동산을 나갔고 악마들의 여왕이 되었다고 하지요. 방점을 찍어야 하는 부분은 '성에 어두운'입니다. 압도적인 여성성에 대한 두려움과 매혹이 동시에 작동하는 대표적인 팜므파탈 원형이라고 할 수 있습니다. 릴리트는 착한 섹슈얼리티를 가진 순종적인 여자가 아니어서 처음부터 아담의 짝으로 부적절했던 것일까요? 반면, 하와는 아담의 갈비뼈로 만들어집니다. 영화 〈드라큘라〉에서는 드라큘라 백작의 부인 엘리자벳이 400년 후의 주인공 미나와 그녀의 친구 루시로 분리되어 있습니다. 마치 위험하고 반항적인 릴리트와 아담의 갈비뼈로 만들어진 순종적인 하와가 더러운 창녀/순결한 처녀로 명확하게 이분되고 있는 듯합니다. 하지만 관객들을 매혹하는 지점은 구원의 서사보다는 400년을 건너온 안타까운 인간과 괴물의 로맨스, 미녀와 야수 이야기를 하는 신화 속 "이류연애담(異類戀愛談)"인 것이지요.

신약에 이르게 되면 인간을 구원하는 예수의 피라는 개념이 더해져 '피'는 아주 복잡하고 다채로운 의미를 갖게 됩니다. 생명의 정수이자 오염되고 더러운 것이면서 동시에 구원의 물질이니 그 피를 빠는 뱀파이어가 매혹적일 수밖에 없을 것 같습니다. 피의 복합성은 여러 가지 상상력을 불러오고 다양한 의미의 층위를 가지고 있습니다.

　『에로티즘』의 저자 조르주 바타이유는 인간은 노동을 통해 이성의 세계를 건설하지만 인간 내부에는 근원적 폭력이 도사리고 있으며 이성의 세계는 폭력의 본성에 굴복하고 만다고 이야기합니다. 통약이 불가능한 노동과 에로스의 두 세계가 통하는 찰나를 에로티즘의 순간으로 파악하지요. 그래서 에로티즘(에로티시즘)을 '죽음 속에 파고드는 삶'이라고 정의합니다. 삶의 욕망 에로스와 죽음 욕망 타나토스가 반짝하며 통하는 순간은 드라큘라 백작이 아름다운 여자의 목에 구멍을 내어 피를 빠는 바로 그 순간, 통하고 연결되는 찰나일 것 같습니다. 희생자는 자신이 종말에 이르는지도 모르면서 황홀한 열락을 맛보며 죽어가는 것입니다. 시쳇말로 하자면 '좋아서 죽겠다', '죽어도 좋다'는 말이 그대로 재현되는 상황인 것이지요.

　에로티즘은 욕망과 두려움, 충동과 금기가 교차하며 그 심연에 깔린 고뇌가 동시에 작동할 때 체험하는 것이고, 그 에로티즘의 모순된 성격이 넘쳐 드러나는 순간이 쾌락의 절정인 것입니다. 금기를 위반하는 찰나가 열락의 모멘트입니다. 그래서 에로티즘을 쾌락과 고뇌가 긴밀히 연결된 종교적 열광 상태와 유사하다고 하나봅니다. 죽어도 좋을 하나됨에 대한 갈망, 그 위반의 에로스가 삶과 죽음을 초월하는 신성(the sacred)을 획득합니다. 뱀파이어 서사가 단지 무섭고 섬뜩한 시간을 건너 사랑 이야기의 차원을 넘어서면서 신화적 서사가 되었음을 보여주는 정통 흡혈귀 영화가 프란시스 포드 코폴라 감독의 〈드라큘라〉입니다.

흡혈귀의 변형

그 사이 여인이 몸부림치는 뱀처럼
몸을 뒤틀고 있다.
그리고는 코르셋의 가슴 부분 위로
젖가슴을 꽉 움켜쥔다.
그녀의 입에서 한마디 한마디가
사향처럼 퍼져 나온다.
"내 입술은 촉촉해요.
내 입술로 어떻게 하는지 나는 알지요.
양심도 이불 속 어딘가로 사라지지요.
노인네도 어린아이처럼 웃게 만들고
내 가슴 위에서는 어떤 눈물도 다 말라버리죠.
존경하는 학자님.
내가 열어주는 쾌락의 세계는
달콤하기 짝이 없답니다.
나의 운명적인 포옹을 받은 남자는

수줍은 듯 방탕하고, 부드러운 듯 단단한

내 젖가슴을 이로 물고는
황홀해서 정신을 잃지요.
무력한 천사들은
나를 보면 저주할 거에요!"

(중략)

그녀가 내 뼈에서 골수를 빨아먹었을 때,
나는 기운이 다 빠져 그녀에게 기댔다.
그녀의 사랑에 보답하는
키스를 하려 할 때 내가 본 것은
고름이 가득 찬 더러운 술 포대 같은 것이었다!
나는 섬뜩한 공포에 눈을 감았다.
그리고 한낮의 햇빛에 눈을 떴을 때
내 옆에는 내 피를 그렇게 깊이 빨아들이던
인형처럼 예쁜 여인 대신
해골 조각이 흩어져 있었다.
바람개비 소리처럼,
겨울 밤 세찬 바람을 맞으며 흔들리는
장대에 매달린 낡은 표지판처럼
삐걱거리고 있었다.

— 보들레르 『악의 꽃』 중에서

9. 인어와 사랑에 빠지다

〈셰이프 오브 워터〉(2017)

사람이 다른 종과 사랑에 빠지는 이야기를 이류연애담(異類戀愛談)이라고 합니다. 숫자로 우위를 가리는 일류, 이류가 아니라 다른 종류, 한문으로 다를 이(異)와 무리 류(類) 자를 쓰는, 인간이 아닌 종과의 연애 이야기를 칭합니다. 두렵고 낯설면서도 순수하고 아름다운 존재와의 연애는 영화나 드라마의 환상적이면서도 신비로운 낭만적 사랑 이야기로 만들어지곤 합니다. 이류연애담은 어떤 특정 신화나 전설에만 국한되지 않고 동서고금을 막론하고 신화, 전설, 민담 어디에나 흔한 형태입니다. 추장의 딸이 말과 사랑에 빠지는 북아메리카 원주민들의 이야기, 곰이나 호랑이를 사랑하게 된 인간 남자, 여우가 여자로 둔갑하여 선비와 사랑을 나누는 이야기처럼 실존하는 동물이 등장하기도 하고, 경우에 따라서는 식물과 사랑을 나누기도 합니다. 중국의 『요재지이(聊齋志異)』♦에 실려 있는 모란꽃과 부부의 연을 맺었다는 '모란등기(牡丹燈記)' 같은 이야기도 있습니다. 그리스 신화에서 제우스 신이 인간 여자를 사랑하는 이야기도 이류연애담이라고 할 수 있습니다. 〈미녀와 야수〉도 이류연애담, 〈킹콩〉도 이류연애담, 〈인어공주〉도 이류연애담, 괴물뿐 아니라 외계인이나 도깨비와 사랑에 빠지는 것도 이류연애담입니다. 그러니까 신이나, 동식물, 귀신이나 유령, 도깨비 같은 존재들, 괴물들과 사랑에 빠지는 인간들의 이야기를 통칭하는 용어가 이류연애담입니다. 신화뿐 아니라 문학·영화·드라마에도, 웹소설이나 웹툰에도 이류연애담은 차고 넘칩니다. 프랑스 작가 로맹 가리의 『그로칼랭』에서는 비단뱀과 사랑에 빠지는 고독한 남자가 등장하고, 중국의 고사 「백사전」에서는 백사 부인이 인간 남자와 사랑을 나눕니다. 중국뿐 아니라 한국과 일본에서도 영화나 애니메이션으로 수차례 제작된 유명하고 인기 있는 이야기이지요. 늑대와 사랑에 빠져 늑대 아이를 낳은 용감한 엄마의 고군분투 아이 키우기를 감동적으로 그려낸 일본 애니메이션 〈늑대아이〉(2012)도 인상적인 이류연애담에서 비롯된 이야기입니다.

♦ 중국 청나라 초기에 포송령이 지은 문어체 소설집으로, 민간 설화 속 여자로 둔갑한 여우가 사람과 사랑하는 이야기, 신선과 이인(異人)의 이야기, 사람으로 변한 정령 이야기와 같은 괴담 혹은 기담으로 구성되어 있습니다.

물과 관련된 이류연애담

이 장에서는 물고기와 관련된 상상 속 존재들과 인간의 이류연애담을 그린 작품 두 편, 물범의 가죽을 벗고 인간 모습이 되는 셀키 요정 이야기를 아름답게 그려낸 아일랜드 출신 톰 무어 감독의 애니메이션 〈바다의 노래 : 벤과 셀키 요정의 비밀〉(2016)과 아마존의 신이라는 물고기 남자(merman)와 말 못하는 인간 여자의 사랑 이야기를 그려낸 기예르모 델 토로 감독의 영화 〈셰이프 오브 워터〉(2017)를 다루어보고자 합니다.

사람과 물고기의 하이브리드를 보여주는 신화적 존재들은 아주 오래전부터 전해져왔습니다. 서양에서는 안데르센의 『인어공주』나 로렐라이 전설처럼 주로 여성의 상체에 물고기의 하반신을 가진 인어 이야기들이 있었습니다. 차갑고 험한 북유럽의 바다에는 아름다운 긴 머리채를 빗어 내리며 천상의 노래를 불러 남자들을 유혹하는 인어가 살고 있다고 상상한 사람들은 얼어붙는 바다를 삶의 터전으로 삼았던 뱃사람들이었습니다. 여인의 목소리와 아름다움에 홀린 뱃사람들은 바다로 뛰어들었다고 합니다. 그들에게 인어는 무서우면서도 거부할 수 없는 매력을 지닌 일종의 요괴나 요정 같은 존재들로 치명적인 원조 팜므파탈의 이미지였던 듯합니다.

그리스 신화의 배경이 되는 지중해에도 세이렌 같은 비슷한 인어들이 있습니다. 세이렌들도 아름다운 노래로 남자를 홀리는 여성 괴물이었습니다. 그리스 신화 속에서 세이렌들은 처음엔 새의 몸을 가지고 있었다가 시간이 지남에 따라 바닷가에 사는 물고기의 하반신을 가진 인어의 모습으로 변형되었다고 합니다. 유럽 신화 속의 인어

오디세우스와 세이렌(로마 시대 모자이크, 2세기경)

들은 인간에게 그리 이로운 존재들을 아니었던 듯합니다. 안데르센의 인어공주만이 낭만적 사랑과 인간을 위해 자기희생을 하는 착한 인어일지도 모르겠습니다.

반면 메소포타미아 신화에는 남성 물고기 신 오안네스가 있습니다. 중국의 고서 『산해경』에도 남자 인어인 '저인국' 사람들이 등장합니다. 일본에서는 인어고기를 먹으면 죽지 않는다고 했고 한국의 해안가나 섬에도 여러 인어 설화들이 존재합니다. 아일랜드의 〈바다의 노래 : 벤과 셀키 요정의 비밀〉 속 셀키 요정은 인어와는 조금 다른 켈트족들에게 전해지는 전설입니다.

아일랜드의 바다에는 셀키라는 물범들이 살고 있습니다. 그 바다에 사는 물범이 가죽을 벗으면 사람이 된다는 이야기는 아주 오래전부터 전해 내려옵니다. 셀키는 자기 스스로 물범 가죽을 옷처럼 입었다 벗었다 하는 존재입니다. 가죽 안에 인간의 몸을 가졌다고 해야 할까요? 인어들은 물고기 옷을 벗는 것은 아니고 하반신이 물고기이니 셀키 하고는 차이가 있습니다. 인어들은 인어공주 이야기에서처럼 마법의 약을 마셔야 인간의 다리를 갖게 됩니다.

셀키들은 남자 셀키와 여자 셀키가 있으며 남자 셀키들은 바다에 나가 오래 돌아오지 않는 어부의 아내들을 유혹한다고 합니다. 어부의 아내가 바다에 일곱 방울의 눈물을 흘리면 셀키 남자가 나타나 그녀와 사랑을 나눴답니다. 반면, 여자 셀키는 인간 남자가 자기가 벗어놓은 물개 가죽 코트를 훔쳐가면 그 남자를 따라가 충실한 아내가 되었다고 합니다. 가죽을 가져갔으니 어쩔 수 없는 상황인 것이죠. 물개 가죽이 없으면 바다로 돌아갈 수 없었기 때문에 인간 남자와 살며 아이들을 여럿 낳아도 늘 고향인 바다를 그리워했답니다. 그러다가 자

〈바다의 노래〉(2016)

기 가죽을 발견하면 그걸 다시 입고 바다로 돌아갔다고 합니다.

아마 선녀와 나무꾼 이야기가 자연스레 떠오르실 것 같습니다. 물범 가죽을 잃은 셀키와 날개옷을 잃은 선녀가 비슷하지요. 선녀는 아이들을 다 데리고 날개옷을 입고 승천하는데 셀키는 아이들은 데리고 가지 않는답니다. 그도 그럴 것이 아이들은 바닷속에서 숨을 쉴 수 없으니 데

려가고 싶어도 어쩔 수 없겠다 싶습니다. 가끔 엄마 셀키 요정이 물범의 모습으로 와서 아이들과 놀다 간다고도 하고, 인간 남편이 물고기를 잡고 있으면 셀키 아내가 근처에 와서 눈물을 흘렸다고도 하네요.

경계를 넘나드는 존재들

신화에는 사슴과 물범처럼 두 세계를 넘나드는 신화적 동물들이 꽤 많이 존재합니다. 사슴은 대지와 하늘을 오가는 신화적 존재이고 물범은 바다와 육지를 넘나듭니다. 수달이나 새도 비슷합니다. 물과 뭍, 하늘과 땅처럼 두 세계를 자유롭게 넘나드는 존재들은 대개 신화에서 샤먼의 몸주나 분신, 신의 전령 같은 존재입니다. 부리야트나 에벤키 같은 유라시아의 부족 신화에는 하늘에서 선녀가 사슴을 타고 지상으로 강림하고 사슴을 타고 승천하기도 합니다. 선녀 혹은 하늘의 공주는 두 세계를 오가는 존재이고 두 세계를 소통하게 하고 연결하는 존재는 본질적으로 샤먼이나 사제의 성격을 갖습니다. 과부의 성욕을 잠재우는 남자 셀키보다 인간과의 사이에 아기를 낳는 여자 셀키 이야기가 더 많은 것은 두 세계가 대칭성을 회복할 수 있는 신화적 통합을 더 중요하게 생각했기 때문이 아닐까 생각해봅니다. 셀키는 자기 가죽이 없으면 바다로 돌아가지 못하니 물범의 가죽은 선녀의 날개옷과 같은 것입니다.

셀키 이야기가 퍼져있는 지역은 켈트족들의 영역에서도 섬이나 해안가들입니다. 스코틀랜드 북부와 그 위의 페로 제도, 셰틀랜드 제도, 북극해와 노르웨이 바다, 또 아일랜드 등지에 셀키와 인어 이야기들이 널리 분포해 있습니다. 이런 셀키들의 이야기를 아름답게 애니

〈바다의 노래〉의 한 장면

메이션화한 작품이 〈바다의 노래 : 벤과 셀키 요정의 비밀〉입니다.

바닷가 마을에 사는 벤과 시얼사는 엄마 없이 아빠와만 살고 있습니다. 벤은 엄마가 사라지고 동생이 생겼다는 것을 알고 말 못하는 시얼사를 별로 좋아하지 않습니다. 사실 시얼사를 출산한 엄마는 물범 가죽 코트를 입고 바다로 돌아간 것입니다. 엄마는 바로 셀키였습니다. 그러던 어느 날 밤 우연히 물범 가죽 코트를 발견한 시얼사가 그것을 입고 바다로 나가 물범들과 신나게 놀고 오는 일이 생깁니다. 아내도 잃었는데 딸마저 잃어선 안 되겠다고 생각한 아빠는 도시에 사는 할머니에게 두 남매를 맡기게 됩니다. 도시에서 살고 싶지 않은 벤이 할머니 몰래 집으로 돌아가려는데 동생 시얼사가 따라옵니다. 오누이와 그들의 개 쿠가 함께 집으로 돌아가는 여정은 모험의 연속입니다. 그 와중에 시얼사가 많이 아프게 되고 요정들의 도움을 받은 벤은 동생이 엄마처럼 셀키 요정이라는 사실을 알게 됩니다. 집으로 돌아온 아이들은 잠시지만 엄마를 다시 만나게 됩니다. 아일랜드가 제작국으로 나오지만 유럽 여러 나라 자본으로 만들어진 작품으로 컴퓨터그래픽을 전혀 사용하지 않고 모두 손으로 그린 그림들로 제작된 애니메이션이라 질감이 아름답고 편안한 느낌을 줍니다. 톰 무어 감독은 아일랜드 신화와 전설들을 소재로 〈켈스의 비밀〉, 〈울프워커〉 등을 제작한 애니메이션 감독입니다.

차별과 편견을 뛰어넘는 연대

기예르모 델 토로 감독의 〈셰이프 오브 워터〉는 권위적이고 억압적인 비밀 연구소의 대형 수조 속에 아마존의 신이라고 알려진 크리처와 말 못하는 청소부 엘라이자 사이의 애틋한 사랑을 그리고 있습니다. 반짝이는 비늘과 아름다운 눈을 가진 물고기 인간은 엘라이자와 음악으로 교감합니다. 실험 도구로 학대당하면서 점점 삶의 의욕을 잃어가는 크리처를 사랑하게 된 엘라이자는 친구들과 힘을 합쳐 우여곡절 끝에 그를 연구소에서 구해냅니다. 하지만 크리처를 바다로 돌려보내지 않으면 목숨을 잃을 위기에 처합니다. 연구소의 추격에도 불구하고 물고기 인간을 탈출시키다 총에 맞은 엘라이자는 그와 함께 바닷속으로 들어갑니다. 그런데 듣기는 하지만 말을 하지 못하는 엘라이자에겐 태어나면서부터 물고기 아가미 같은 흉터가 있었습니다. 아마도 그녀의 흉터는 아가미가 확실해 보입니다. 사랑하는 크리처와 엘라이자는 물속에서 서로를 응시합니다. 포스터의 장면이 마지막 장면입니다. 해피엔딩 이류연애담의 전형입니다. 실제로 브

〈검은 산호초 괴물〉(1954)의 한 장면

라질과 아마존 유역에는 엔칸타도(Encantado)라는 음악에 능한 돌고래 남자가 있었다고 합니다. 엔칸타도는 폭풍을 제어하는 신적 능력을 지녔고, 여자를 유혹하는 미남 청년으로 변신할 수 있다고 합니다. 고통과 죽음이 없고 풍요로운 유토피아인 엔칸테에 사는 엔칸타도를 멕시코 출신인 기예르모 델 토로 감독은 영화 속에 구현해 낸 것 같습니다.

영화는 한국전 이후 미소 냉전이 시작되던 1950년대 미국을 배경으로 합니다. 기예르모 델 토로 감독의 작품들은 판타스틱한 이야기를 할 때도 실제 역사적인 시공간이나 실존 인물들을 소환하는 특징이 있습니다. 스페인 내전을 배경으로 하는 〈판의 미로〉가 그랬고 〈헬보이〉 시리즈도 러시아의 라스푸틴◆이나 켈트 신화 속 은팔의 누아다◆◆라는 신을 소환합니다. 〈셰이프 오브 워터〉의 기본적인 이야기 구조는 괴수 영화의 원조 격인

◆ 그리고리 라스푸틴은 떠돌이 요승으로 황제의 신임을 얻어 왕실의 비선실세로 국정을 농단했던 인물. 러시아 제국의 몰락에 크게 일조했으며 간신의 대명사로 여겨진다.
◆◆ 켈트의 신족 투아하 데 다난의 첫 번째 신들의 왕으로 적과의 전쟁에서 팔을 잃어 의수를 하면서 은팔의 누아다라는 별명을 얻는다.

〈킹콩〉과 유사합니다. 크리처는 킹콩처럼 원해서 온 것이 아니라 의도치 않게 사람들에 의해 잡혀 온 것입니다. 군의 실험대상으로 학대당하던 크리처와 농아 청소부 엘라이자는 말로 소통하지는 못하지만 삶은 계란과 아름다운 음악으로 교감하며 사랑에 빠지게 됩니다.

영화의 오프닝 장면부터 신화적 실마리들은 넘쳐납니다. 모든 것이 물속에 잠겨있는 꿈에서 깨면서 엘라이자의 일상이 시작됩니다. 물은 여성적인 것, 감정적인 것, 생명이 깃들어 양육되는 것이자 그런 장소를 상징합니다. 재탄생과 부활을 의미하기도 합니다. 그녀의 황홀한 꿈을 깨우는 것은 문명의 소리이며 규칙의 사운드인 시계 알람입니다. 그런데 그녀가 하는 첫 번째 일과는 그 시계의 알람에 맞춰 계란을 삶는 일입니다. 그리고 그 계란이 삶아지는 동안 욕조에 들어가 자위를 합니다. 넘치는 에로스는 소통하지 못하는 생명력, 즉 삶은 계란이 됩니다. 건강한 욕망이 흘러넘치지만 혼자 해결해야 하는 욕망인 것입니다.

많은 신화에서 신들은 알에서 나오거나 건국 시조들도 알에서 태어납니다. 알은 생명의 원천이고 마치 식물의 씨앗과 같은 것입니다. 엘라이자가 크리처와 소통하는 것이 이 알인 삶은 계란이란 점도 같은 맥락입니다. 삶은 계란, 즉 생명의 원천인 알을 나누어 먹는 둘 사이의 에로스는 그러므로 자연스러운 것입니다. 말을 하지 못하는 두 존재가 동그란 음반을 돌려서 함께 음악을 들으며 교감하는 것도 동그란 알의 이미지가 사운드화하는 순간입니다. 동그란 음반과 동그란 삶은 계란, 차창에 맺힌 두 개의 빗방울이 하나의 동그란 빗방울이 되어가는 과정, 그것이 바로 영화의 제목인 사랑의 모양인 것이지요.

편견으로 가득 찬 세상에서 피어나는 찐사랑 이야기, 〈셰이프 오브 워터〉

연구소에서 탈출에 성공한 크리처와 엘라이자가 처음 사랑을 나누는 장소는 욕조가 아니라 물을 꽉 찬 욕실입니다. 그만큼 사랑의 교감을 느끼기에 적당한 곳이 없어 보입니다. 사랑을 나눈 후 엘라이자의 집은 물바다가 되고 맙니다. 이후 그들은 생명의 본향이자 자신들의 고향인 바다로 돌아가게 되고 총에 맞고도 부활합니다. 다양한 물의 형상(shape of water)은 다름 아닌 사랑의 모양입니다.

이류연애담의 주인공인 괴물이나 인어, 구미호, 킹콩은 죽임을 당하면서 제거되는 비극으로 끝나는 경우가 많습니다. 왜냐하면 괴물들에 의해 교란된 질서는 다시 회복되어야 하기 때문입니다. 그런데 이 영화가 보여주는 이류연애담은 왕자에게 승인받지 못해 에테르가 되고 마는 원작 『인어공주』의 비극적 결말도 아니고, 인간 사회로 진입하여 왕자와 결혼하는 인어공주를 그려내는 디즈니식의 해피엔딩도 거부하면서 미지의 다른 세계로 함께 떠나는 방식의 결말을 맞습니다. 이 세상의 질서 속으로 돌아오는 것이 아니라 다른 세상으로 나아가는 것입니다. 더욱이 두 연인의 해피엔딩은 흑인 동료, 게이 친구, 이중간첩이지만 양심적 과학자 같은 비주류라 여겨지는 이들의 연대와 도움으로 가능합니다. 이 영화가 아름다운 사랑 이야기이면서도 전복적이라고 평가되는 이유가 인종차별, 장애차별, 외모차별, 성차별과 같은 여러 차별과 편견을 뛰어넘는 연대의 이야기이기 때문입니다. 그런 편견으로 가득 찬 세상에서 피어나는 찐사랑 이야기가 〈셰이프 오브 워터〉가 보여주는 사랑의 비전입니다.

한국전 이후 마초적이고 경직되고 신경증에 빠진 듯한 1950년대 보수적인 미국은 영화의 곳곳에 초록색으로 상징됩니다. 그런 세계에 이류연애담의 두 주인공 연인들의 뜨거운 사랑은 붉은색으로 표현되며 곳곳에서 균열을 일으킵니다. 영화 속 색상의 대비와 상징을 눈여겨보시면 훨씬 흥미로운 감상이 될 것 같습니다. 종국에는 진정한 해피엔딩으로 부활하는 영화 〈셰이프 오브 워터〉는 물고기와 인간의 하이브리드에 대한 상상과 운명적인 사랑을 통해 점점 사랑과 연대를 잃어가는 현대 사회를 향해 희망을 말하고 있습니다.

10. 도플갱어와 홍콩 느와르

〈무간도〉(2003)

'도플갱어'(Doppelgänger)는 인간의 이중성이나 정체성의 분열을 보여주는 신화 모티프로 '분신'을 의미하며, 대개는 이미지가 똑같은 두 사람을 말합니다. '두 번째 자아(the second)' 혹은 '또 다른 자아 (alter ego)'로 이해되며 신화적으로 아주 오랜 기원을 갖고 있습니다. 문학이나 영화에서는 쌍둥이 형제 혹은 쌍둥이가 아니라도 카인과 아벨 같은 불가분의 한 쌍으로 보이는 형제로 나타나기도 하고, 혈연 관계가 없지만 똑같은 모습을 지닌 두 사람인 경우로 서사적 확대를 보이기도 합니다. 때로는 한 인물이 가진 두 가지 성질, 혹은 분열적 자아를 표현하기도 합니다. 『지킬 박사와 하이드 씨』나 '늑대인간 이야기'도 모두 도플갱어 모티프이며, 오스카 와일드의 소설 『도리언 그레이의 초상』처럼 초상화가 주인 대신 늙어가는 신비한 이야기도 도플갱어 모티프의 확장이라고 할 수 있습니다.

'도플갱어'라는 말은 독일의 장 폴 리히터가 1796년에 처음 사용한 용어라고 알려져 있습니다. 리히터는 '나란히 길을 걸어가는 동반자'라는 뜻으로 사용했고 도플갱어를 만나는 일은 불길한 죽음을 불러온다고 했습니다. 리히터 자신이 길에서 도플갱어를 만나고 나서 얼마 지나지 않아 사망했다고 전해지는데 그 진위를 확인할 수는 없습니다. 영화에서 도플갱어 모티프는 대부분 호러나 미스터리 스릴러 장르와 잘 어울리곤 하지만 특이하게도 도플갱어의 신비한 측면을 아름답게 그려낸 영화가 있습니다.

예술 영화 감독으로 널리 알려진 헝가리의 크지쉬토프 키에슬롭스키의 작품인 〈베로니카의 이중생활〉(1991)은 한날한시에 태어난 도플갱어 관계의 두 여자 이야기를 다룹니다. 부다페스트에 사는 베로니카는 파리에서 여행을 온 베로니끄를 광장의 급박한 시위 현장에서 우연히 마주칩니다. 베로니카만이 자기와 똑같은 모습의 베로니끄를 보게 됩니다. 베로니끄를 본 후 베로니카는 교회에서 노래를 하다 심장마비로 죽습니다. 부다페스트 여행에서 돌아온 베로니끄는 이유를 알 수 없는 상실감에 여행 사진을 정리하다가 자기와 똑같은 사람이 찍힌 놀라운 사진을 발견하게 됩니다. 리즈 시절의 아름다운 프랑스 배우 이자벨 아자니가 도플갱어 관계인 베로니카와 베로니끄 1인 2역

〈베로니카의 이중생활〉(1991)

을 연기한 영화입니다. 도플갱어 관계의 두 사람이 서로의 존재를 알지 못하다가 알아본 한쪽이 죽음에 이르고 그녀를 직접 보지 못한 다른 한쪽은 상실감을 품고 살아간다는 내용이 신비하고 매혹적으로 펼쳐집니다. 죽음에 대한 공포와 삶에 대한 욕망이 얽혀 있는 아주 조용하고도 우아한 도플갱어 영화입니다.

인간의 이중성을 탐구하다

그럼에도 불구하고 도플갱어 하면 가장 먼저 떠오르는 작품은 아무래도 『지킬 박사와 하이드 씨』일 것입니다. 영국의 빅토리아 시기 작가인 로버트 루이스 스티븐슨의 원작 소설보다 한국에서는 한동안 뮤지컬로 많은 인기를 얻었습니다. 오래전 1941년 빅터 플레밍 감독이 만든 영화 〈지킬 박사와 하이드 씨〉는 스펜서 트레이시와 잉그리드 버그만이 출연해서 인기를 끌었고, 2002년 영국에서 리메이크되었습니다. 80년대 미국의 TV 드라마 〈두 얼굴의 사나이〉 시리즈가 지킬 박사와 하이드 모티프를 십분 활용해 성공을 거두었고, 그 주인공 초록 괴물 헐크는 어벤져스의 일원으로 유명해졌습니다.

원작 소설 속의 헨리 지킬 박사는 유능한 의사로 자신이 연구 개발한 약물을 이용해 자기 몸과 정신을 하이드라는 인물로 변화시킵니다. 그는 인간 내면의 선과 악을 표상하는 두 개의 자아를 갖게 되고 인간 이성과 본능의 대결을 보여줍니다. 종국에 하이드가 벌인 살인 사건으로 괴로워하다가 자살을 하게 되는 지킬 박사의 최후 진술을 들어봅니다.

날마다 나는 도덕과 지성이라는 양쪽 측면 모두에서 내가 진리에 점점 더 가까워지고 있다고 믿었다.… 인간은 본래 하나의 존재가 아니라 두 개의 존재라는 믿음 때문이었다. … 중략 … (약을 마시고)

마침내 약품의 화학 반응이 멈춘 순간 나는 한껏 그러모아야 했던 용기로 그 약을 단숨에 마셔버렸다. 온몸이 부서지는 것 같은 고통이 찾아왔다. 뼈가 갈리는 듯한 아픔과 죽을 것 같은 구역질, 그리고 태어나는 순간이나 죽음을 맞이하는 순간도 그보다 더 두렵진 않을 듯한 정신적인 공포가 느껴졌다. 그러다 갑자기 이런 고통이 빠르게 가라앉고 마치 중병에서 회복된 것처럼 몸이 가뿐해졌다. 뭔가 다른 감정이 느껴졌다. 믿을 수 없을 정도로 새롭고, 그 새로움으로부터 믿을 수 없을 정도로 행복한 기분이 샘솟았다. 내 몸이 더 젊어지고 더 가벼워지고 더 행복해진 것처럼 여겨졌다.… 의무와 책임의 속박을 깨뜨린 악의에 찬 자유로운 영혼이 느껴졌다. 이 새로운 존재로 첫 호흡을 하는 순간부터 나는 내가 열 배는 더 사악해졌고 내 악한 본성의 노예가 되었다는 것을 깨달았다. 그런 생각이 든 순간 질 좋은 와인에 취한 것처럼 나는 흥분과 기쁨에 휩싸였다. 이 새로운 기분에 들떠서 손을 이리저리 뻗치며 기뻐 날뛰던 와중에 나는 문득 키가 형편없이 줄어들었다는 사실을 깨달았다.✦

✦ 로버트 루이스 스티븐슨,『지킬 박사와 하이드』, 김세미 역, 문예출판사, 2005년, 101~105쪽 발췌 인용.

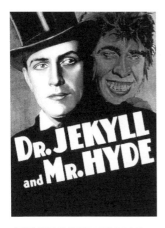

〈지킬 박사와 하이드 씨〉(1931)

인간의 원초적 양면성에 대한 원형적 이야기가 〈지킬 박사와 하이드〉입니다. 이외에도 도플갱어 모티프를 영화화한 대표적인 작품으로는 〈파이트 클럽〉(1999), 〈무간도〉, 〈페이스 오프〉(1997) 같은 영화뿐만 아니라, 〈울프〉(1994)와 같은 늑대인간을 다룬 영화들도 있습니다. 한국 영화로는 오승욱 감독의 〈킬리만자로〉(2000)가 성격이 확연히 다른 쌍둥이 형제 이야기를 다룹니다. 조폭 동생 해철이 자기 눈앞에서 충격적으로 자살을 하자 형사인 형 해식은 자신을 동생으로 오해한 조폭들과 관계를 맺으며 상황의 전말을 알아갑니다. 동시에 죽은 동생과 자신을 동일시하며 심적 변화를 느끼지만 비극으로 치닫는 한국형 느와르 영화입니다. 저주받은 걸작으로 여겨지는 한국 영화 중 한 편입니다.

프랑스 영화 〈마틴 기어의 귀향〉(1982)도 유명한 도플갱어 이야기이고 이 이야기를 미국식으로 리메이크한 리처드 기어, 조디 포스터 주연의 〈써머스비〉(1993)가 있습니다. 우리 전래 이야기 중 「옹고집전」과 비슷한 이야기입니다. 옹고집과 마틴 기어 모두 똑같은 모습의 착한 가짜가 나쁜 진짜를 몰아내는 내용을 그리고 있습니다. 도플갱어 모티프의 영화들은 참 많습니다만 홍콩에서 만들어진 〈무간도〉는 그중에서도 홍콩의 역사와 맞물리며 마음이 서늘해지는 무척 인상적인 영화입니다.

홍콩 느와르와 무간도 시리즈

1997년 영국이 홍콩과 마카오를 조차 반환했습니다. 중국은 아편 전쟁에 패배함으로써 그 대가로 홍콩과 마카오를 영국에게 100년을 빌려주었습니다. 20세기 내내 자본주의 세계 금융의 중심지였던 홍콩은 1997년 7월 1일을 기해 공산주의 모국인 중국의 일부로 돌아갔습니다. 사실 말이 100년이지 반환 당시의 홍콩인들 대부분은 영국령의 홍콩에서 나고 자라고 교육받은 사람들이었습니다. 자유분방하던 자본주의적 삶을 살던 홍콩이 공산주의 중국으로 돌아가는 일은 얼마나 두려운 일이었을지 상상이 안 됩니다.

이러한 홍콩인들의 정체성 분열과 미래에 대한 불안은 홍콩 느와르 영화라는 장르를 탄생시킵니다. 홍콩 느와르 영화는 1940년대 우울한 할리우드의 필름 느와르 장르들처럼 특수한 홍콩의 역사적 상황과 맞물려 있는 극도의 스타일리시한 범죄 스릴러 장르라고 할 수 있습니다. 조차 반환 10년 전인 1980년대 중반부터 반환되는 시점까지 홍콩 사람들의 분열적 상황과 불안은 폼생폼사의 홍콩 느와르 영화로 만개했던 것입니다.

홍콩 느와르 영화의 첫 작품은 1987년 오우삼 감독의 〈영웅본색〉입니다. 홍콩 느와르의 원형적인 영화라고 할 수 있습니다. 찢어진 프렌치 코트 자락을 휘날리며 성냥개비를 질겅대던 따거 주윤발과 순수 청년 장국영 같은 홍콩 스타들은 죽음을 불사하는 사나이들의 우정과 의리로 무장하고 등장해 관객의 환호를 받았습니다. 실제로 한국에는 홍콩 반환이 되기 전 홍콩의 유명 배우들이 이민을 온다는 풍문이 난무했고, 이들은 텔레비전 초콜릿 광고나 밀키스 같은 음료 광

〈영웅본색〉(1986)

고의 모델로 심심치 않게 모습을 드러 냈습니다. 성공적인 〈영웅본색〉을 필두로 〈영웅본색 2〉와 〈영웅본색 3〉가 연이어 개봉되었고 〈첩혈쌍웅〉, 〈첩혈가두〉, 〈종횡사해〉 같은 느와르 영화들이 극장가를 수놓았습니다. 역설적으로 홍콩 영화는 마지막 10년간 불꽃을 터뜨렸다고 할 수 있습니다. 그렇게 홍콩 영화는 홍콩의 역사와 궤를 같이하며 영화적 자유는 사그러들었습니다.

홍콩 느와르 영화들은 서사적으로는 서로 적이 되는 형제, 그럼에도 불구하고 형제는 한 뿌리의 가족임을 비극적으로 그려내면서 홍콩의 운명을 구현했습니다. 스타일적으로는 속된 말로 가오와 간지, 말하자면 스타일에 목숨을 걸면서 허무함과 세기말의 퇴폐적인 정서가 넘치고, 홍콩이 끝난다는 심리적 종결의식 같은 것들이 우수수 가을 낙엽처럼 허망하게 죽어가는 많은 사람들, 찢어지며 휘날리는 코트 자락, 낭만적으로 휘파람을 불거나 성냥개비를 씹어대는 상징적인 도상들을 시전하며 저물어가는 홍콩 영화의 장르적 황금기를 체현했습니다. 마치 내일은 없다는 듯한 주인공들의 태도와 넘치는 죽음과 파멸의 이미지가 스타일로 완성되던 시기였던 것이지요. 홍콩 느와르의 다른 편에는 유통기간이 넘은 통조림 같은 것에 집착하며 시간 개념이 탈색되고 홍콩이라는 공간이 인상적으로 그려지면서 부에노스아이레스처럼 아주 먼 이국에 노스탤지어를 느끼는 왕가위 감독의 영화가 중요한 한 축을 이루었습니다. 과거 인기 절정의 이소룡이나 성룡 같은 배우들이 활약하는 무술영화나 홍콩 영화 특유의 가벼움과 유머를 장착한 코미디 영화들은 미래가 없고 스타일만 살아있는 홍콩 느와르의 등장으로 빛을 잃었습니다.

대중문화인 영화는 다른 어떤 예술 장르보다 빠르고 심지어 거칠게 때로는 징후적으로 당대 사회를 재현하고 반영합니다. 이제는 시간이 많이 흘러 홍콩 영화인들에게 그런 정서는 사라졌고, 많은 홍콩 영화의 감독과 배우들이 중국이 된 홍콩에서 살면서 중국 영화산업으로 흡수되어 중국의 애국 영화들에 기여하고 있습니다. 화려하고 자유분방하던 영국령 홍콩 시대의 폐막과 동시에 홍콩 영화의 황금기도 함께 저물었다고 말해도 과언이 아닙니다. 많은 실력 있는 감독과 배우들은 홍콩을 떠나 더 큰 무대인 할리우드로 옮겨가기도 했습니다. 홍콩 느와르의 효시가 되었던 〈영웅본색〉의 오우삼 감독과 주윤발은 활동무대를 할리우드로 옮겨 〈리플레이스먼트 킬러〉(1998) 같은 영화를 만들면서 할리우드에 안착했습니다.

독립적인 3부작으로 구성되어 있는 〈무간도〉 3부작은 반환 6년 뒤인 2003년에 모두 개봉을 했습니다. 〈무간도〉 시리즈는 홍콩을 떠나지 않고 남은 영화인들이 총력을 기울여 만든 홍콩 느와르 영화의 완결판입니다. 유위강과 맥문휘 감독 두 사람이 공동연출을 했으며 양조위, 유덕화, 진혜림, 유가령, 증지위, 황추생과 같은 기라성 같은 홍콩 영화의 실력파 중견 배우들과 진관희, 여문락, 여명 같은 젊은 배우들이 총력을 기울인 시리즈입니다.

이 영화의 기본적인 구도가 도플갱어 모티프입니다. 시리즈의 첫

오디오 가게에서 우연히 만난 유건명과 진영인

편인 〈무간도〉는 그중 가장 작품성을 인정받는 영화입니다. 생긴 것도 다르고 하나의 영혼으로 연결되지도 않았지만 서로의 운명이 엇갈리는 도플갱어적 관계에 놓인 두 남자의 이야기를 다룹니다. 홍콩 마피아라 할 수 있는 삼합회의 일원으로 살아가는 비밀경찰 진영인과 삼합회의 경찰 내 스파이지만 우수한 경찰 간부로 살아가는 유건명의 엇갈린 운명이 유장하게 펼쳐지는 영화 〈무간도〉는 100년간이나 지속된 영국령의 홍콩인들이 조차 반환으로 인해 공산주의 모국인 중국으로 돌아가는 심리적 불안과 정체성 혼란을 고스란히 그려내고 있습니다.

양조위가 연기한 진영인과 유덕화가 분한 유건명, 엇갈린 운명의 두 사람이 주인공입니다. 진영인과 유건명은 경찰학교 입학 동기인데 서로를 모릅니다. 그도 그럴 것이 진영인은 입학하자마자 퇴학을 당하는 방식으로 삼합회 내의 경찰 스파이로 투입됩니다. 반면 유건명은 삼합회에서 키우는 경찰 내부에 투입된 스파이입니다. 각자의 본색을 숨기고 두 사람은 서로 다른 길을 가게 됩니다. 진영인은 3년의 약속 기간을 지나 또 3년 다시 3년 시간이 흘러 자신이 원래 경찰이라는 정체성을 잊지 않으려고 삼합회 내에서 애쓰며 살아가고, 삼합회의 스파이 유건명은 영민하고 유능한 경찰 핵심 간부로 성장해갑니다. 이 두 사람은 서로의 정체를 모르면서 우연히 오디오 가게에서 만나 나란히 헤드폰을 끼고 사이좋게 등려군의 음악을 듣습니다. 하지만 서로의 정체를 알게 되는 순간, 죽거나 죽이거나의 관계가 되고 맙니다. 경찰과 삼합회 양쪽 모두에서 조직 내 스파이가 존재한다는 사실을 알게 되고 색출작업에 나서면서 두 사람의 운명은 갈리게 됩니다. 유건명은 삼합회답게 진영인의 경찰 기록을 삭제하면서 세상에서 그가 경찰임을 증명할 수 있는 자료와 사람 모두를 없애버립니다. 삼합회 스파이로 살았지만 경찰 간부가 된 유건명은 마주한 진영인에게 좋은 사람이 되고 싶다며 기회를 달라고 하지만 결국 진영인을 죽이고 자신과 같은 처지의 경찰 내 스파이도 함께 죽여 자신의 죄를 뒤집어씌웁니다. 그 이후 유건명은 무간지옥을 헤매는 정체성이 분열된 사람이 되고 맙니다. (〈무간도3〉은 유건명의 무간지옥을 그립니다)

〈무간도〉의 마지막 장면에서 엘리베이터 안에 죽은 진영인의 피투성이 얼굴이 엘리베이터 벽에 얼비쳐져 마치 둘로 보입니다. 정체성의 분열을 보여주는 그 장면은 홍콩의 두 얼굴이란 생각도 듭니다. 엇갈린 운명의 두 남자 유건명과 진영인의 관계 또한 도플갱어 관계라는 것을 알 수 있습니다. 진영인의 이름은 영원히 참는 자, 유건명은

엘리베이터 안에서 최후를 맞이한 진영인

이름을 세우는 자입니다.

홍콩 느와르의 원형적인 플롯은 〈영웅본색〉의 서사구조를 뿌리로 합니다. 형은 삼합회 간부로 일하고, 동생은 형의 돈으로 경찰학교를 다닙니다. 결국 형제는 적으로 서로를 죽여야 하는 관계가 됩니다. 그럼에도 불구하고 피를 나눈 가족입니다. 홍콩 반환은 역사적 사건인 동시에 개인의 일상에도 극심한 변화를 가져왔습니다. 여러 장르적 변주를 거쳐 〈무간도〉에 다다른 홍콩 느와르는 〈영웅본색〉의 형제 스토리가 운명이 뒤바뀐 스파이들의 이야기로 변주되는 도플갱어 영화이며, 홍콩의 운명, 자본주의의 꽃이었다가 공산주의 모국의 품으로 돌아가는 숙명과 분열적 정체성을 은유하고 있습니다. 최선을 다했지만 허망하게 지워지고 삭제당하고 존재를 증명할 수 없어지는 사람들이 과하게 죽어나가고, 종국에는 착한 사람이 되고 싶었던 악당이 살아남기 위해 알면서도 나쁜 일을 해야 하는 당위, 그럼에도 불구하고 자신을 있는 그대로 드러내지도 못하고 그림자처럼 살아야 하는 집단적 스트레스가 농후하게 묻어나는 영화가 바로 〈무간도〉입니다.

1997년의 홍콩 반환식

〈무간도 2〉에서는 1997년의 조차 반환을 계기로 경찰의 정체성도 변화하고 삼합회의 보스가 바뀌고 새로운 시대가 열리는 과정을 보여줍니다. 삼합회와 경찰은 기능과 역할은 다르지만 형제이고 가족입니다. 미국의 마피아들을 그린 전설적인 영화 〈대부〉의 오마주임이 확실한 〈무간도2〉는 홍콩의 삼합회가 환골탈태하며 가족 사업으로 발전해가는 과정을 그려냅니다.

빠른 편집과 간지 나는 차도남들의 세련된 세계가 매력적인 〈무간도〉만큼 한국의 범죄스릴러 장르에 지대한 영향을 미친 영화는 없을 것 같습니다. 홍콩 느와르 영화의 완결판이라고 할 수 있는 〈무간도〉 시리즈는 이런 역사적 상황에서 만들어진 아주 스타일리시한 작품이며 도플갱어 모티프를 활용하여 홍콩인들의 분열된 정체성과 심리를 잘 그려낸 걸작입니다.

11. 바람이 불고, 사쿠라가 지다✦

〈바람이 분다〉(2013)

일본 애니메이션의 거장이라 불리는 미야자키 하야오 감독의 은
퇴작 〈바람이 분다〉는 2013년 9월 한국에서 개봉했습니다. 〈바람이
분다〉를 보러가는 제 마음은 양가감정으로 가득했습니다. 저는 관객
으로서 그의 애니메이션을 무척 사랑했지만, 그것과 별개로 그가 만

✦ 2013년 미야자키 하야오 감독의 은퇴작으로 알려졌던 〈바람이 분다〉에 관한 글입니다. 글을
쓸 당시는 미야자키 감독의 마지막 작품으로 알고 썼습니다. 다음 장에 연이어 10년 뒤 은퇴
를 번복하고 만든 〈그대들은 어떻게 살 것인가〉에 관한 글을 연속으로 배치합니다.

들었던 여러 작품의 장면과 이미지들을 분석하면서 연구자로서 미야자키 감독은 제국주의자가 아닐까 하는 혐의를 오래전부터 품고 있었기 때문입니다. 일본에서 두 달 먼저 개봉한 〈바람이 분다〉는 애니메이션 자체보다 작품의 이데올로기와 주인공 때문에 이미 논란에 휩싸여 있었습니다. 그런 〈바람이 분다〉를 직접 확인하고 싶은 동시에 보고 싶지 않은 상반된 두 마음이 있었습니다.

〈원령공주〉의 떼 지어 몰려다니며 죽음의 항전을 하는 멧돼지들과 목이 잘린 채 시커먼 재앙신이 되어 숲을 파괴하던 사슴 신이 다시 모든 생명을 되살리는 장면들은 시각적으로 무척 놀랍고 아름다웠지만 파시즘의 기운이 넘실대고 있었습니다. 영화의 결말에 산과 아시타카는 저주를 받아도 끈질기게 살아남아야 한다는 메시지를 전하고 있어 조금 고개를 갸웃했었습니다.

〈하울의 움직이는 성〉에는 알록달록한 삐라가 날리고 하늘을 배경으로 아름답고 커다란 전쟁기구들과 왠지 들뜨고 즐거운 것 같은 전시의 활기 넘치는 도시 장면들이 펼쳐집니다. 밤마다 누구와 싸우는지, 왜 싸우는지 모르고 피투성이가 되어 돌아오는 하울을 보면서 그 반짝이며 날아다니는 비행체들을 세밀하게 그려 넣고 원작 소설에는 없는 전쟁 이야기를 삽입하여 각색한 미야자키 감독의 저의가 무엇일까 연구자로서 고민했습니다.

그러던 차에 은퇴작으로 알려진 〈바람이 분다〉가 판타지가 아니라 실존 인물을 주인공으로 하는 작품이며 그 주인공은 가마가제 특공대가 타고 나가 돌아오지 않았던 제로센 전투기의 천재 설계자라는 것도 알게 되었습니다. 세계적인 판타지 애니메이션의 거장이 논란

제로센을 설계한 호리코시 지로

이 일어날 것을 뻔히 알면서 자기 인생의 마지막 작품으로 왜 이런 문제적 애니메이션을 만들었을까 의아했습니다. 한편으로는 정말 하고 싶었던 이야기를 이제야 하는 것인가 싶기도 했습니다.

영화를 보는 동안에도 내내 마음 한편에는 미야자키 감독이 자신의 일본적 의식/무의식을 전 세계 관객들에게 끝까지 들키지 말았으면 하는 애정 어린 조마조마함이 있었고, 다른 한편에는 어쩔 수 없이 본색이 드러나는구나 하는 연구자로서 지적 통쾌함이 뒤섞여 소용돌이쳤습니다. 영화가 끝나자 마음은 한층 더 복잡해졌습니다. 저는 제 오랜 혐의를 확인했고, 한없이 사랑했지만 그 안에 숨어 있던 노감독의 숨길 수 없는 혹은 드러낼 수밖에 없었던 진심을 봐버렸던 것입니다. 신화는 단지 재미있는 신과 영웅들의 이야기가 아닙니다. 신화는 공동체의 정체성과 관련 있기 때문에 역사와 깊은 연관을 맺습니다. 또한 당대의 지배이데올로기로 작동하기도 하는 것이 신화입니다. 그래서 신화는 때로 무소불위의 무지막지한 힘을 발휘합니다. 나치 독일의 아리안족 신화는 수많은 유태인들을 가스실로 보냈습니다. 〈바람이 분다〉는 과거의 영광스러운 제국 시절에 대한 군국주의적 향수가 아닐까요? 미야자키 하야오 감독은 일본 군국주의와 무관하다고 할 수 없는 역사적 인물을 하나의 신화로 만들고 싶었던 것이 아닐까요?

아름답지만 저주받은 꿈, 비행기

〈바람이 분다〉는 전작들과는 확연히 다른 어른들을 위한 이야기이며 주인공의 꿈 장면 이외에는 환상 세계가 나타나지 않는 현실을 그리고 있습니다. 일본 제국주의 시절 미쓰비시 중공업의 천재 비행기 설계자 호리코시 지로의 열정적이고 근면한 인생이 소박하고 아름답게 그려집니다. 그는 1903년에 태어나 1982년에 사망한 실존 인물입니다. 애니메이션은 그의 인생 전체를 다루지 않고 어린 시절의 꿈에서 시작해 전쟁이 끝나는 무렵까지를 그려내고 있습니다. 그는 동경 제국대학 항공과를 수석 졸업하고 1927년 미쓰비시 중공업에 입사, 제로센을 설계합니다. 1939년 제로센은 첫 비행에 성공하여 중일전쟁에 처음 등장한 후 1940년에서 1945년 사이 1만 939대가 생산되었고 미국 하와이를 기습하는 태평양 전쟁의 주력기로 쓰였습니다. 전쟁이 끝나고 나서 호리코시 지로는 신미쓰비시 중공업에서 일을 했고 동경대학교에서 교수 생활을 했습니다. 70세가 될 때까지 후학을 양성했으며 1982년 79세로 사망한 인물입니다.

미야자키 하야오 감독은 호리코시 지로의 인생 전반부를 극화하였습니다. 호리코시 지로가 설계한 유명한 제로센은 일본 군국주의의 상징이며 일본제국의 영광과 몰락을 함께 한 전투기였습니다. 미야자키 하야오 감독은 "비행기는 아름답지만 저주받은 꿈"이라고 지로의 멘토인 카프로니 백작의 입을 빌려 말합니다. 눈이 나빠 비행기 조종사가 될 수 없다고 낙담하는 소년 지로에게 카프로니 백작은 설계자는 꿈을 형태로 만드는 사람이라고 합니다. 꿈속에서 카프로니 백작의 말을 듣고 지로는 비행기 설계자가 되기로 합니다.

지로와 제로센

　실존 인물인 호리코시 지로는 애니메이션 안에서 미야자키 하야
오 감독의 페르소나처럼 보입니다. 미야자키 하야오에게 장편 애니
메이션을 제작하는 것은 호리코시 지로가 비행기를 설계하는 것과
동일해보입니다. '아름답지만 저주받은 꿈'이란 지로에게는 비행기
를 만드는 것, 미야자키 감독에게는 애니메이션을 만드는 것이었습
니다. 감독이 공명하는 것은 그의 일생 전체가 아니라 비행기에 대한
꿈을 품었던 유년기와 제로센의 성공과 아내와의 사별까지를 담은
청년기입니다. 물론 이 영화가 지로라는 인물의 전기나 다큐멘터리
는 아니어서 그의 인생 전체를 다 다룰 이유는 없습니다. 젊은 날의
열정과 꽃처럼 스러져간 사랑의 기억을 아름답게 추억하려 한 거장
감독의 '위대한 로맨스'라는 홍보 내용과는 달리, 〈바람이 분다〉는 연
애담이 아닙니다. 사실 어른들의 연애는 미야자키 감독의 전공이 아
닐 뿐더러 만일 이 작품이 연애담이라면 그 연애의 진정한 대상은 아

픈 아내가 아니라 창공을 나는 비행기라는 것은 영화를 본 관객이라면 누구나 어렵지 않게 짐작할 수 있습니다.

〈바람이 분다〉는 감독 자신이 만들었던 많은 애니메이션의 인상적인 장면들, 미야자키 하야오 감독을 평생토록 지배했던 이미지들로 이루어진 일종의 종합편이라고 할 수 있습니다. 판타지가 아니라 현실의 이야기를 다루고 있다는 점에서, 호리코시 지로라는 비행기 설계자에게 미야자키 감독 자신의 삶이 투사되고 있다는 점에서, 거장이 하고 싶은 종국의 마지막 이야기라는 점에서, 〈바람이 분다〉는 다른 작품들과 다르게 해석되어야 할 여지가 많은 작품이 틀림없습니다. 우리 모두 사랑했던 거장은 이 마지막 작품에서 자신의 제국주의적 무의식과 영광스러운 대일본제국 시절에 대한 일본인들의 향수를 고스란히 드러내고 말았습니다. 그는 이미 1997년 〈원령공주〉를 만들고 나서 한 인터뷰에서 "이제부터는 일본적인 것만 만들겠다"는 소신을 밝힌 바 있습니다. 『인간의 조건』에서 한나 아렌트는 말하는 것, 표현하는 것은 이미 행위와 다른 것이 아니라고 적시하고 있습니다.

〈바람이 분다〉는 이야기적 측면에서는 전쟁이 싫다면서 돼지로 변한 비행사가 비행기를 타고 비행기 공장을 돕는 조금은 분열적이고 무정부적인 성격이 드러나는 자전적 작품 〈붉은 돼지〉, 아픈 엄마를 그리워하고 전통적인 일본 농촌을 그리며 도대체 감독은 어느 나라 사람이냐는 국가 정체성 논란을 불식시킨 〈이웃의 토토로〉와 닿아 있습니다. 이미지적인 면에서는 다양한 비행기들이 대거 등장하는 〈붉은 돼지〉, 밤마다 전쟁 이미지들과 군인들이 넘치는 축제 같은 〈하울의 움직이는 성〉, 일본 요괴들의 온천장을 운영하는 마녀 유바바의

144

세계에서 부모를 구하며 꿈을 이루는 〈센과 치히로의 행방불명〉, 상상적 시원의 숲을 여행하며 저주를 풀려는 주인공이 등장하며 일본 고대 신화들이 시각화되는 〈원령공주〉의 여러 장면과 겹칩니다.

이데올로기적인 측면에서는 일본적 미의식에 대해 논해야 할 것 같습니다. 논란이 되었던 〈바람이 분다〉에 등장하는 많은 욱일승천기나 일장기는 일본에 의한 식민지 경험이 있는 우리 눈에는 분명히 불편하지만, 역사적 시대가 그러했으니 일견 이해되는 장면들입니다. 오히려 대재앙이었고 조선인 학살이 자행되었던 관동대지진을 바람에 불씨가 아름답게 날리고 질서정연하게 대응하는 사람들을 차분하게 묘사하고, 제로센이 나는 모습을 낭만적으로 그려낸 미야자키 하야오의 제국주의적 미의식을 문제 삼아야 할 것 같습니다. 주인공 지로라는 인물이 전시를 살았던 평범한 일본 사람이었다면, 이 이야기가 말하기 불편한 진실을 담고 있다 해도 충분히 진정성 있게 다가올 수 있었을 것입니다. 하지만 주인공 지로는 가미가제 특공대가 몰고 나가 돌아오지 않았던 미쓰비시의 전투기 제로센을 설계한 인물이었습니다. 관동대지진은 수많은 조선인을 학살한 일그러지고 광기 어린 일본을 증언합니다. 수많은 제로센들이 하늘에서 떨어져 내려 무더기로 쌓여 있는 비행기 무덤 장면이 영화 속에서 환상처럼 묘사되고 지로는 그 장면을 관조하는 뒷모습으로 그려집니다.

멋진 비행기를 만들겠다는 순수한 젊은이의 꿈과 열정으로 포장된 그럴듯한 외피 속에 스스로도 불편한 일본인의 욕망과 향수가 도사리고 있다는 것이 여러 채널로 읽혀집니다. 자연화나 신화화는 눈에 보이지 않게 형성되는 것입니다. 자신들도 전쟁의 피해자라고 말하는 〈반딧불의 묘〉(1988)보다도 적극적으로 전쟁을 수행했던 전범적 인물을 긍정적으로 그려내는 〈바람이 분다〉는 그래서 이데올로기적으로 더욱 위험해 보입니다.

'지는 사쿠라' 모노노아와레

미야자키 감독의 애니메이션들의 특징 중 하나는 '성장하는 강한 여성'이 등장한다는 것입니다. 〈바람계곡의 나우시카〉의 나우시카, 〈천공의 성 라퓨타〉의 시타, 〈원령공주〉의 산, 〈센과 치히로의 행방불명〉의 센, 〈하울의 움직이는 성〉의 소피 같은 여성 주인공들이 그들입니다. 그러나 〈바람이 분다〉에는 강한 여성이 아니라 아프다가 말없이 사라지는 아내가 나옵니다. 화려하게 피었다가 한순간 바람에 날려지고 마는 사쿠라 꽃처럼 소리 없이 사라져갑니다. 병든 에로스이며 애잔한 죽음이지만 '지는 사쿠라'처럼 깔끔하고 아름다운 소멸은 '모노노아와레(애상)'라는 일본적 미의식을 표상하고 있습니다. 한순간에 사라지는 아름다움과 그 아름다움이 주는 허무함이 진하게 남는 것을 모노노아와레라고 합니다. 영화 속에는 사쿠라 꽃이 직접 묘사되지 않지만, 지는 사쿠라 꽃비처럼 눈이나 비가 자주 내립니다. 수직적 이미지는 죽음의 방향, 추락

일본인의 미의식과 군국주의를 분석한 『사쿠라가 지다, 젊음도 지다』(2004)

146

의 방향이라고 할 수 있습니다. 인류학자 오오누키 에미코는 『사쿠라가 지다, 젊음도 지다』에서 사쿠라 꽃이 일본인의 미의식을 구성하고 낭만적 애국주의의 표상이 되어 군국주의의 정교한 메커니즘으로 작동하였음을 밝히고 있습니다.

주인공 지로는 사랑하는 여자를 운명처럼 만납니다. 하지만 그녀는 폐병을 앓는 사람이었고 그럼에도 그들은 결혼을 강행합니다. 그리고 참 이상하게도 지로는 일에 몰두할 뿐 아픈 아내를 정성껏 돌보거나 배려하지 않습니다. 심지어 결핵을 앓는 아내 옆에서 일을 하면서 담배를 피우기까지 합니다. 결국 지로는 사랑하는 아내를 폐결핵으로 잃습니다. 그리고 그의 반응은 이상하리만치 담담합니다. 그리고 영화의 소개 글은 이들의 로맨스가 소년의 꿈까지 사랑한 소녀의 사랑이기에 위대하다고 설명하고 있습니다. 아름다운 꿈에 희생되는 애절한 사랑인 것일까요?

미야자키 감독의 이전 작품 속 여주인공들은 자신의 삶에 적극적이고 자주적으로 문제를 해결하며 강하게 성장하는 건강한 여성들이었습니다. 똑똑하고 독립적이고 강인한 여성은 사라지고 질병을 낭만화하며 무기력하고 병든 여자가 주인공이 된 것입니다. 성장하는 강한 여성상은 판타지 속에서만 가능하다는 의미인 것일까요?

결핵 치료 중인 나호코 위로 하얀 눈이 내립니다. 날려 떨어지는 눈송이는 또 다른 모노노아와레적 이미지이기도 합니다. 나호코는 아버지에게서 남편으로 보호의 주체가 바뀌는 수동적이고 아픈 여자입니다. 그리고 그녀의 유일한 능동적 자유란, 병들어 죽는 모습을 보여주지 않으려고 말없이 사랑하는 남자의 곁을 떠나는 것입니다. 말

나호코의 각혈

하자면 젊고 아름다운 짧은 순간만을 남기고 사쿠라 꽃처럼 져 버리고 마는 여자가 지로의 아내이자 연인인 나호코인 것입니다.

나호코가 치료를 위해 머무르는 산속 요양원은 토마스 만의 소설 『마의 산』에 나오는 것 같은 결핵 요양원입니다. 〈바람이 분다〉에는 토마스 만의 『마의 산』 이야기가 대사로 나옵니다. 그것이 맥락이 있는 이야기라는 것은 오오누키 에미코의 책을 읽고 나중에 알게 되었습니다. 가미가제 특공대였던 하야시 타다오는 토마스 만이 말하는 '데카당스란 죽음에 대한 에로티시즘의 상태'라 생각했으며 『마의 산』에서 토마스 만이 '데카당스는 시민성에 의해 구제될 수 있다'고 보았으므로 애국심과 관련된다고 분석한 바 있습니다. 이처럼 토마스 만의 사상은 애국심과 이상주의라는 당시 일본 엘리트 젊은이들의 의식이 형성되는 데 큰 영향을 미쳤습니다. 또한 이상적 애국주의는 그들의 내면에서 일본적 미의식 모노노아와레와 결합하며 '지는 사쿠라'로 낭만화되는 결과를 낳았던 것입니다. 옥쇄나 산화와 같은 비슷한 단어들이 떠오릅니다. 옥쇄는 옥처럼 아름답게 부서진다는 말이지만 '천황을 위해 옥쇄'라는 것은 말 그대로 천황을 위해 옥처럼 부서지며 낭만적으로 죽어간다는 의미입니다. 거기에서 아름답지만 저주받은 꿈이라는 말이 연상됩니다. 지로의 아내는 '지는 사쿠라'의 상징으로 모노노아와레를 자아냅니다. 그러니 말없이 흔적도 없이 사라지는 것이 나호코의 완성된 모노노아와레였던 것입니다. 아픈 아내를 책상 옆에 눕혀두고 자신의 꿈을 이루려고 매진하는 지로의 모습은 죽음의 에로티시즘으로 낭만화되는 데카탕스로 해석해볼 수 있습니다.

모노노아와레(대개 '애상'으로 번역되나 정확한 번역은 불가능한 일본인들의 정서)는 일본인들의 주된 에토스이며 '젊은 나이에 죽기 때문에 덧없고 아름다운 인생'이라는 미의식의 상징적 표상으로 '지는 사쿠라' 이미지로 고착화된 것입니다. 짧아서 안타깝고 아련하지만 덧없이 지기 때문에 아름다운 사쿠라의 흩날리는 꽃잎은 아름다운 젊음의 죽음을 상징하고 인생의 무상을 의미합니다. 그리고 이 아름다운 죽음은 낭만적 이상주의와 내몰려진 애국주의에 깊이 유착되어 있습니다. 가미가제 특공대의 젊은 학도병들은 사쿠라 가지를 꽂고 야스쿠니에서 만나자며 제로센을 타고 돌아올 수 없는 출정을 했습니다. 제국주의 이데올로기가 아름다움의 가면을 쓰고 젊은이들의 이상주의와 애국주의를 부추겨 죽음의 길로 내몰았던 것이지요.

〈바람이 분다〉의 쏟아지는 소나기와 그 소나기 뒤에 찬란하게 푸른 하늘, 뭉게뭉게 피어나는 하얀 구름, 금방 녹아서 사라지고 마는

제로센과 가미가제 특공대 파일럿

흩날리는 눈발은 모두 모노노아와레를 불러일으키는 '지는 사쿠라'
의 표상적 상응물들입니다. 장렬하게 부서지며 떨어지는 제로센 또
한 모노노아와레를 시각적으로 구현하고 있습니다. 옥쇄이며 산화인
것이지요. 관동대지진의 빨갛게 흩날리는 불씨들과 날개가 부서져
추락하는 제로센, 각혈하는 나호코가 뿜어내는 선연한 핏방울은 모
두 또 다른 '지는 사쿠라'들입니다. 그리고 제로센을 설계한 지로는
그 지는 사쿠라들—제로센, 각혈하는 나호코, 떨어지는 불씨—을 모
노노아와레적으로 관조하고 있습니다.

　언급했듯이 현실이 아닌 판타지의 세계를 그리는 대부분의 미야
자키 하야오의 작품들에서 여주인공은 성장하는 소녀, 강한 여성인
반면, 역사적 인물을 그린 그의 마지막 작품에서 무기력한 여주인공
은 남편의 일과 인생을 방해할 것을 염려해(혹은 꿈까지 사랑해서)
병든 몸을 이끌고 말없이 사라진다는 내러티브는 눈여겨봐야 할 부
분입니다. 주인공 지로는 비행기를 만든다는 점에서 미야자키 하야

오 감독의 자전적 작품 〈붉은 돼지〉의 파일럿 포르코 롯소와 많은 부분에서 비슷한 캐릭터입니다. 유능한 비행사 포르코 롯소는 전쟁에 참가하는 것을 거부하며 스스로 돼지의 모습으로 살아가는 무정부주의자입니다. 〈붉은 돼지〉의 수많은 유령 비행기들이 높은 하늘 위로 떼 지어 날아가는 환상적 장면은 전쟁에서 죽어간 비행사들에 대한 진혼곡의 성격을 띱니다. 1992년 〈붉은 돼지〉를 발표할 당시 미야자키 하야오 감독의 이 장면은 분명히 전쟁에 대한 비판적인 시각을 보여준 것으로 평가되었습니다. 그러나 감독은 〈바람이 분다〉의 개봉을 앞두고 일본 언론과 인터뷰에서 "그래도 살다 보면, 전혀 무해한 인간으로 살기란 불가능한 일이다. 그렇기 때문에, 무기를 만들었다고 해서 범죄자라는 낙인을 찍는 것도 어딘지 이상하다."고 말하면서 "차는 사람을 해치기도 하고 구하기도 한다. 그런 게 기술이며, 기술자는 기본적으로 중립적이다."라는 발언을 했습니다. 과연 그는 많은 사람들이 말하듯이 진정한 반전주의자일까요?

〈바람이 분다〉에서 소년 지로의 꿈속에 나오는 그가 존경하는 비행기 제작자는 이탈리아인 카프로니 백작입니다. 파시즘보다는 돼지로 변하는 것이 낫다고 생각하는 포르코 롯소가 온몸으로 저항하던 곳이 이탈리아였습니다. 하지만 전시에 일본으로 배경이 바뀌면 얘기는 달라집니다. 전쟁 시기 비행기의 꿈이 실현되는 곳은 비행기 군수공장이 될 수밖에 없었을 것입니다. 그래서 그 꿈은 개인의 아름다운 꿈으로 의미를 축소해야 했고 지로는 그 꿈을 실현한 순수한 인물로 그려졌습니다. 애니메이션의 초반에 지로는 독일의 융커스라는 비행기 제작사의 창립자 후고 융커스가 나치에 의해 쫓겨 다닌다는

〈붉은 돼지〉(1992)

이야기를 듣습니다. 이런 가정을 하는 것이 우습지만 지로는 다른 선택을 할 수도 있었던 인물입니다. 하지만 그의 선택은 전투기 제로센을 만드는 것이었습니다.

정체성에 관한 자기 고민은 순수한 소년의 꿈으로 희석되며, 영화 내내 지로는 탈정치적인 사람으로, 오로지 자기의 일에만 몰두하는 청년으로 그려질 수밖에 없었을 것입니다. 지로는 온몸으로 파시즘을 거부하던 포르코 롯소와는 사뭇 다른 주인공입니다. 제2차 세계대전 당시 비행기 군수공장을 하던 집안에서 나고 자란 미야자키 감독에게는 어린 시절 여러 다양하고 아름다운 비행기들이 하늘을 나는 상상은 불가능한 것이 아니었으며 그 상상은 자유로웠을지 모릅니다. 귀신 세계의 종이비행기(〈센과 치히로의 행방불명〉)나 우주 공간(〈천공의 성 라퓨타〉)이나 미지의 장소(〈바람계곡의 나우시카〉)를 날아다니는 정체불명의 탈 것들, 곰 같은 토토로의 비행, 텐구를 연상시키는 하울이나 인면조 유바바의 모습들이 감독에게 비상의 자유를 구현해주던 캐릭터들이었습니다.

하지만 미야자키 감독의 비상의 꿈, 평생의 판타지는 현실 세계로 나오자 더 이상 자유롭지 못했습니다. 감독이 인터뷰했듯이 지로에게 '비행기는 아름답고 저주받은 꿈'이었습니다. 그리고 그 비행기는 미쓰비시의 천재 엔지니어 히로코시 지로가 만든 제로센이었습니다. 제로센은 밖으로는 치 떨리는 일본 제국주의의 전투기였고 안으로는 수많은 젊은이를 죽음으로 몰아간 일본 군국주의의 상징이었습니다.

판단하지 않는 삶이 불러온 악

전쟁은 미야자키 하야오에겐 어쩌면 본질에 가까운 이야기일지도 모르겠습니다. 비행기 군수공장이 그를 키웠고 삶의 기반이 된 공간이며 가족들을 잘 살게 만든 가업이었습니다. 미야자키 하야오 감독이 그린 지로의 삶은 한나 아렌트의 책 『예루살렘의 아이히만』을 떠오르게 합니다. 아돌프 아이히만은 유태인 학살 프로그램을 만들고 집행한 인물로 600만 명의 유태인 학살을 수행한 나치의 체계적 작전인 '최종 해결책(the final solution)'의 총책임자였습니다. 이스라엘의 모사드가 아르헨티나에서 아이히만을 체포해 와서 예루살렘에서 재판을 하고 사형이 확정되자 이틀 만에 형을 집행한 것은 1962년의 일이었습니다. 아렌트는 이 재판을 지켜보면서 '악의 평범성'에 대해 말합니다. 너무나 열심히 자신에게 주어진 일을 수행한 평범한 남자가 저지른 홀로코스트. 아이히만의 변호인이 아이히만을 '작은 톱니바퀴의 이'에 불과하다고 변호했음에도 불구하고, 아렌트는 '생각하지 않고 판단하지 않는 삶은 정치적인 악의 원인이 될 수 있다'는 점을 역설합니다. '자기가 무슨 일을 하고 있었는지 전혀 깨닫지 못했던 자' 아이히만은 열심히 자신의 일, 유태인들을 학살하는 일을 수행했습니다. 아이히만은 열정적으로 자신의 일을 수행한 것에 대해 양심의 가책을 받은 적이 없느냐는 재판정에서의 질문에 자신이 명령

받은 일을 하지 않았다면 오히려 양심의 가책을 받았을 것이라고 대답하면서 자신이 명령받은 일은 "수백만 명의 남녀와 아이들을 상당한 열정과 가장 세심한 주의를 기울여 죽음으로 보내는 일"이라고 진술했습니다. 아이히만에게 그가 행한 끔찍한 학살은 쾌적한 안락사와 다른 것이 아니었습니다. 그는 자신이 해야 하는 일을 했으며 끝까지 자신이 한 일을 조금도 후회하지 않았습니다. 아렌트는 그가 미친 사람도, 특별한 사람도 아니었으며, 자신의 개인적 발전을 도모하는 데 각별히 근면한 것을 제외하고는 어떤 동기도 갖고 있지 않았던 보통 사람이었다는 점에 주목합니다. 그를 시대의 엄청난 범죄자가 되게 한 것은 '순전한 무사유'(sheer thoughtlessness)였다는 것입니다.

아렌트는 그의 죄는 '말하기의 무능성', '생각의 무능성', '판단의 무능성'에서 오는 것이라고 진단합니다. 〈바람이 분다〉의 주인공 지로의 삶을 판단의 무능성과 순전한 무사유라는 관점에서 생각해 보면, 미야자키 하야오 감독이 그를 전시에 비행기 설계하는 일을 성실하고 책임감 있게 수행했던 근면한 남자로 그려냈음에도 불구하고, 자신이 하는 일이 어떤 의미인지 전혀 깨닫지 못한 지로는 인류에게 중대한 범죄를 저지른 아이히만과 같은 잘못을 저지른 것입니다. 그가 순수하게 비행기를 만드는 일에 몰두했을 뿐이라고 주장하는 것은 그래서 설득력을 잃습니다. 지로라는 인물이 보여준 태도는 순전한 무사유, 생각과 판단의 무능성의 예이기 때문이며, 그런 인물을 옹호하는 미야자키 하야오 감독의 연출 의도는 다분히 이데올로기적으로 문제적입니다.

일본의 아사히 신문 디지털판과의 심도 있는 인터뷰는 그의 마음

속을 더 자세하게 드러내 주었습니다. 호리코시 지로에 대해 그는 "한 명의 일본 국민으로서의 전쟁 책임은 있지만 한 명의 기술자가 역사 전체에 책임을 가질 필요가 없다"고 말하면서 그에게 책임을 물어선 안 된다고 분명하게 밝히고 있습니다. 그리고 지로가 아름답고 저주받은 꿈을 가치 있게 성취한 인물이라고 평하고 있습니다.

호리코시 지로가 꿈을 실현하며 만들었던 제로센은 자살공격을 하던 가미가제 특공대의 비행기였으며 전쟁을 수행한 치명적인 도구였습니다. 그런 인물에게 전쟁 국가의 국민 한 사람으로서의 책임만 있다고 말하는 미야자키 하야오 감독의 〈바람이 분다〉의 밑을 흐르는 것은 일본 군국주의와 제국주의적 이데올로기라는 점은 숨길 수가 없습니다.

바람이 분다, 살아야겠다

영화의 제목이 되기도 한 "바람이 분다. 살아야겠다."는 표현은 프랑스의 상징주의 시인 폴 발레리의 〈해변의 묘지〉 마지막 연의 첫 문장입니다. 이 시는 해변의 묘지 앞에서 시인이 삶과 죽음, 사랑과 이별, 빛과 그림자, 영원과 순간, 허무와 생의 의지가 서로 갈등하고 부침하는 정신의 고통을 느끼면서 각성하는 순간을 그리고 있습니다. 마지막 연만 보자면 삶의 의지가 발흥하는 듯하나 그 앞의 여러 연들은 죽음의 고통과 의미를 한탄합니다.

바람이 분다는 것은 수평적인 공기의 흐름이고 부는 바람은 영화 전 편에 걸쳐 바람에 날아가는 모자나 나호코의 치맛자락, 흘러가는 구름의 이미지들로 나타납니다. 둘의 만남은 바람에 날아가는 모자

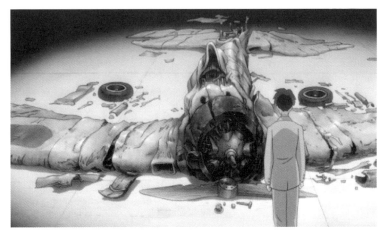

추락한 제로센

를 어린 나호코가 잡는 것으로 시작되고, 둘의 사랑은 병든 나호코의
떨어지는 모자를 지로가 잡으면서 시작됩니다. 하지만 영화에는 수
평의 움직임보다 수직의 움직임이 압도적으로 많이 나타납니다. 수
평적 에로스는 바람에 날리는 모자로, 수직적 타나토스는 떨어지는
비행기로 일관성 있게 형상화되고 있습니다. 수평의 방향은 대개 전
근대적이고 평화로운 유년기의 노르탤지어적 방향이며 삶의 욕망인
에로스적 방향입니다. 반면 수직의 방향은 고독과 추락의 방향이고
죽음의 방향인 경우가 많습니다.

　〈바람이 분다〉에서 감독은 "그럼에도 불구하고 살아남아야 한다"
는 강한 메시지를 보내고 있습니다. 하지만 시각적으로 보여지는 것
은 처참하게 부서진 제로센이고 아름다운 불씨들이 날아다니는 관동
대지진입니다. 감독은 관동대지진은 일본이 새롭게 시작하게 된 계

기라고 말한 적이 있습니다. 그러나 우리에게 관동대지진은 수많은 조선인이 무자비하게 죽임을 당한 대학살과 같은 의미로 다가옵니다. 그는 느닷없는 수많은 죽음의 순간이던 관동대지진을 당혹스러울 정도로 아름답게 묘사하면서 지진 소리를 신음이나 비명 같은 인간 목소리로 구현해냈습니다. 노감독은 격렬한 이데올로기적 비난에도 불구하고 살아야 한다는 삶의 의지를 불러일으키려는 듯합니다. 그가 일으키고 싶은 바람은 그런 것이었는지도 모르겠습니다. 하지만 노장의 은퇴작이었던 작품이 일제 식민지를 경험한 우리에게는 여전히 불편하고 비판해야 하는 대상이라는 사실은 변함없습니다. 결국 모든 문화는 이데올로기 투쟁의 장이기 때문입니다. 사람들은 아름답고 평화롭고 전쟁에 반대하고 환경을 생각하는 작품이라고 미야자키 하야오 감독을 좋아합니다. 제국주의자도 아름다운 것을 사랑하고 전쟁은 나쁜 것이라고 생각할 수 있습니다. 자연을 사랑하고 환경을 생각하는 것은 그가 가진 정치적 이데올로기와 무관할 수도 있습니다. 히틀러는 영화광이었고 이완용은 명필이었다고 합니다. 그들의 예술성이, 그들의 취향과 애호가, 그들의 생각과 행동의 면죄부가 되지 않습니다. 미야자키 하야오 감독의 〈바람이 분다〉는 우리에겐 영원히 갈라진 혀로 말하는 양가적인 작품일 수밖에 없습니다.

12. 다시 돌아온 신화, 미야자키 하야오

〈그대들은 어떻게 살 것인가〉(2023)

미야자키 하야오 감독이 2023년 은퇴를 번복하며 장편 애니메이션 〈그대들은 어떻게 살 것인가〉로 돌아왔습니다. 앞선 그의 은퇴작은 제2차 세계대전 당시 일본의 전투기 제로센의 설계자 히로코시 지로의 젊은 시절을 낭만적으로 그려낸 〈바람이 분다〉(2013)였습니다. 평생을 판타지 애니메이션을 만들었던 거장이 실존 인물을 다루는 작품을 은퇴작으로 발표한 이후 10년 만에 다시 판타지로 복귀한 것입니다.

개봉 전 한 번의 시사회도 열리지 않았고 오로지 왜가리 한 마리가 그려진 포스터 한 장만이 공개되었습니다. 먼저 개봉했던 일본에서 들려오는 소문은 그저 소년과 왜가리의 이야기로 거장의 자전적인 작품이라는 것뿐이었습니다. 파편적이지만 화려하고 아름다운 예고편의 작화 이미지들을 보며 대단한 작품일 것이라고들 입을 모았고, 일본 관객들의 반응은 극과 극으로 갈렸습니다. '난해하다, 도무지 무슨 이야기를 하려는지 모르겠다'는 평과 '대단하다, 미야자키 하야오 감독 최고의 작품이다'라는 찬사가 엇갈렸습니다. 유례없는 추측들이 난무했고 낚시성 동영상들이 SNS에 흘러넘치며 미야자키 하야오와 스튜디오 지브리가 명실상부한 '신화'임을 입증했습니다. 이렇게 개봉 전에도 요란했지만 〈센과 치히로의 행방불명〉이나 〈원령공주〉를 기대했던 관객들은 영화를 보고 나자 마치 복잡한 퍼즐 조각들을 손에 쥐고 큰 그림을 완성해야만 할 것 같은 기분에 사로잡히고 맙니다. 저 또한 개봉 첫날 첫 회를 보며 이 판도라의 상자를 열었습니다. 가장 먼저 튀어나온 것은 대공습으로 인한 화재의 불씨가 벚꽃처럼 흩날리는 아름답지만 비극적인 장면이었습니다.

11살의 주인공 마히토는 불이 난 병원으로 엄마를 구하러 정신없이 달려갑니다. 하지만 화재로 엄마를 잃고 맙니다. 아이가 모성 트라우마를 극복하는 이야기는 가장 중요한 서사의 축입니다. 전쟁이 본격화되면서 마히토는 아버지를 따라 시골의 외갓집으로 가게 됩니다. 마중을 나온 새엄마는 다름 아닌 엄마의 친동생인 나츠코 이모입니다. 임신을 한 배를 마히토에게 만져보라고 하지요. 받아들이기 어려운 현실 속에서 마히토는 도망칠 수도 없고 죽을 수도 없는 어린아이입니다. 판타지의 문은 그럴 때 열립니다.

　고색창연한 집안의 고택 회랑을 통과하는데 푸른 깃털을 가진 왜가리 한 마리가 마히토의 옆을 스치듯 날아갑니다. 위협인지 환영인지 모를 왜가리의 등장은 마히토를 다른 세계로 이끕니다. 왜가리는 엄마를 만나게 해주겠다고 마히토를 꾀어 저택 뒤편 탑 속으로 끌어들입니다. 마침 임신한 새엄마/이모 나츠코마저 숲속으로 사라지자 마히토는 엄마와 관련한 이중의 목표(엄마를 만나는 일/새엄마를 구하는 일)를 향해 모험을 시작합니다. 왜가리는 마히토에게 아군인지 적군인지 헛갈리는 안내자, 트릭스터✦입니다.

　특별한 탑 속의 세계는 죽음과 삶이 공존하는, 시간성이 교란되는 세계입니다. 그곳에서 마히토는 현실에선 죽은 엄마를 만납니다. '히미'라는 이름으로 불리며 불을 자유자재로 부리는 어린 엄마는 그 세계에서 중요한 존재입니다. 히미는 윗세상으로 올라가 인간으로 태어나는 작고 하얀 풍선 같은 와라와라들을 포식자인 펠리컨들로부터 지켜내는 일을 하고 있습니다. 마히토는 출산을 하려고 탑 속의 세계로 들어온 이모이자 새엄마인 나츠코를 어린 엄마 히미와 함께 구해냅니다. 그 세계의 늙은 왕인 큰할아버지는 마히토에게 자신의 후계자가 되어달라고 하지만 마히토는 자신은 악의를 가진 사람이어서 자격이 없다고 거절합니다. 왕이 되고 싶은 앵무대왕이 마히토 대신 후계자가 되겠다며 큰할아버지가 세운 돌탑들을 무너뜨리자 그 세계

✦ 트릭스터(trickster)는 신화 등의 이야기에서 신과 자연계의 질서를 깨고 장난을 좋아하는 장난꾸러기 인물입니다. 선과 악, 파괴와 생산, 현자와 바보 같은 완전히 다른 양면성을 겸비한 것이 특징입니다. 위키백과 참조.

나츠코 이모

가 붕괴하기 시작합니다. 히미와 함께 왜가리 남자의 양다리를 하나
씩 잡고 무너지는 세계를 가까스로 탈출한 그들은 각자의 세상으로
돌아가기로 합니다.✦ 마히토는 자기 세상으로 돌아가면 화재로 죽는
다고 말리지만 히미는 너의 엄마가 되려면 돌아가야 한다고 말합니
다. 엄마의 죽음에 고통스러워하던 마히토의 내면은 히미의 말로 치
유됩니다. 그러면서 현실의 엄마, 자신의 이모를 '나츠코 엄마'라 부
르며 받아들이게 됩니다. 자전적 이야기임을 감안하면 이 장면은 아
마도 미야자키 하야오 감독의 모성 트라우마가 극복되는 순간으로도

✦ 〈하울의 움직이는 성〉에서 처음 등장한 다른 색깔의 세상을 선택해서 갈 수 있던 현관문 위의
알록달록한 장치를 기억하실 겁니다. '비동시성의 동시성'을 보여주는 이 현관문은 〈그대들은
어떻게 살 것인가〉에서는 다른 세상으로 연결되는 숫자가 적힌 연속적인 초록색 문들로 확장되
었습니다. 안에 있던 사람들의 일방적인 선택을 통해 갈 수 있던 세상은 이제 시간과 공간이 다
른 곳에서 진입한 여러 인물이 공존할 수 있는 쌍방향 플랫폼 같은 장소가 되었습니다. 물론 누
구나 들어올 수 있는 곳은 아닙니다.

읽힙니다.

　미야자키 하야오 감독의 장편 애니메이션 〈그대들은 어떻게 살 것인가〉와 관련이 있는 책이 두 권 있습니다. 요시노 겐자부로의 『그대들, 어떻게 살 것인가』는 주제의식은 물론이거니와 이미지를 만들어내는 데 많은 영향을 미쳤고, 존 코넬리의 『잃어버린 것들의 책』에서는 그 서사구조와 캐릭터들을 대거 차용하고 있습니다.

분열된 모성 트라우마

　일본 제국주의가 중일전쟁을 일으킨 1937년에 출간된 요시노 겐자부로의 소설인 『그대들, 어떻게 살 것인가』는 감독의 인생관에 많은 영향을 준 책으로 애니메이션상에 직접 언급되고 등장하기도 하지만 사건이나 인물, 서사적 구조와는 직접 관련이 없다고 알려져 있습니다. 하지만 소설 『그대들, 어떻게 살 것인가』를 읽어보면 미야자키 하야오 감독의 세계관과 주된 이미지들의 형성에 깊은 관련과 지대한 영향을 미친 당대 청소년 문학의 고전임을 의심할 여지가 없습니다. 소년 미야자키 하야오의 세계관과 인간관을 형성하는 원형적 소설이라고 해도 과언이 아닙니다.

『그대들, 어떻게 살 것인가』

　소설의 주축은 외삼촌이 어린 조카에게 인생의 의미에 대해 말과 글을 주고받으며 교육적인 내용을 설파하는 것입니다. 외삼촌은 지식인 계층의 인물로 제국주의 시절 대동아 공영을 부르짖던 일본의 높은 자부심과 서구적 합리주의에 영향을 받은 일상 철학, 첨단의 과학 지식과 신사적이고 호혜적인 인간관을 보여줍니다. 어떻게 사는 것이 의미 있는 인생을 사는 것인가에 대한 당대 일본 지식인들의 심리와 시대 인식이 엿보입니다. 1941년 태평양 전쟁이 시작되면서 비로소 일본 본토는 전쟁을 실감하게 되고, 전쟁 막바지의 도쿄 대공습은 대개 나무로 지어진 일본 가옥들을 불타는 지옥으로 만들었다고 합니다. 소설이 쓰인 시점은 1937년, 미야자키 하야오 감독은 1941년생, 도쿄대공습은 1945년입니다. 감독 자신이 공습을 기억할 가능성은 크지 않습니다만 영화는 전쟁으로 시작됩니다.◆ 그래서인지 왜가리가 나무 막대를 부러뜨려 도막을 내거나 목검이 조각나는 장면, 나무는 안된다는 할아버지의 말씀과 쌓아나가는 돌탑, 자기 손으로 화살촉을 만들어 끼우는 마히토의 모습이 나옵니다. 나무로는 안 되지만 금속으로는 가능한 세계이고 단단한 바위와 돌로 이루어지는 세계가 큰할아버지의 세계입니다. 그 세계가 시작된 것은 하늘에서 떨어진 커다란 운석 때문이었고, 할아버지가 그 운석을 둘러싼 건축물을 지었다는 설정, 그 건물을 짓는 동안 많은 희생이 있었다는 이야기, 그 후 현실 세계에서 할아버지가 행방불명되었다는 전설 같은 이야기가 전해집니다. 자전적인 이야기라는 점

◆ 미야자키 감독의 〈바람계곡의 나우시카〉, 〈천공의 성 라퓨타〉, 〈하울의 움직이는 성〉, 〈바람이 분다〉에도 전쟁은 배경으로 혹은 중심 사건으로 자주 등장합니다. 자전적 작품이라는 〈그대들은 어떻게 살 것인가〉에서 전쟁은 이야기의 시작이자 트라우마의 근원이며 동시에 제국적 정체성의 핵심이기도 합니다.

코페르란 별명도 외삼촌이 붙여 주었다. 어느 일요일에 학교 친구인 미즈타니가 집에 놀러왔을 때 마침 집에 있던 외삼촌이 자꾸 코페르, 코페르, 하고 부르는 바람에 다음 월요일에는 코페르라는 별명이 학교에도 퍼졌다.

"혼다는 말이지, 집에서 코페르라고 불러."

미즈타니가 학교에서 떠들어 댄 탓에 다들 코페르라고 부르게 되었다. 지금은 어머니마저도 가끔 "코페르야" 하고 부른다.

그런데 왜 "코페르"가 되었을까? 친구들은 아무도 그 까닭을 모른다. 그렇지만 어감이 재미있어 그렇게 부르고 있다. 코페르에게, "왜 코페르가 된 거야?" 하고 물어봐도 코페르는 웃기만 할 뿐 왜 그런지 가르쳐 주지 않았다. 하지만 코페르는 친구들이 왜 그런 별명이 붙었는지 물어볼 때면 어쩐지 기뻐하는 것처럼 보였다. 그래서 친구들은 더욱 궁금해졌다.

— 요시노 겐자부로의 『그대들, 어떻게 살 것인가』 중에서

을 감안하면 '쌓아 올린 돌탑이 무너지면 세상이 다 붕괴한다'는 말의 의미는 돌탑이 '미야자키 월드 그 자체'였다는 분석을 가능케 합니다. 하지만 흥미로운 점은 할아버지의 계승자이기를 거부한 마히토가 마지막에 그 돌의 작은 일부를 현실 세계로 들고 나왔다는 점입니다.

소설의 주인공 코페르가 외삼촌의 생각을 체득하는 과정처럼 큰할아버지 세계의 작은 돌조각을 들고나온 마히토는 서로 겹쳐 보입

니다. 소년 마히토는 미야자키 하야오 자신이 모델이기도 하지만 어쩌면 미야자키 월드를 계승하는 젊은이를 상상하는 거장의 희망이기도 한 캐릭터임을 짐작케 합니다. 그래서 이 작품의 제목은 그대들은 어떻게 살 것인가 묻고 있다는 생각이 듭니다. 특히 소설 속 코페르의 멘토는 죽은 아버지를 대신하는 외삼촌입니다. 외삼촌은 엄마의 남자 형제입니다. 코페르는 아버지가 아닌 외삼촌을 따르고 마히토는 불에 타서 죽은 엄마, 마히토의 동생을 임신한 이모이자 새엄마인 나츠코, 어린 엄마 히미 같은 분열적 모성을 경험합니다. 마히토의 아버지는 전투기의 유리창을 만드는 일을 하고 아들을 사랑하는 것 같지만 아들의 마음을 헤아리는 인물은 아닙니다. 오히려 마히토가 계승할 가능성이 있던 인물은 다름 아닌 엄마의 큰할아버지로 부계의 인물이 아닙니다. 결국 마히토가 해결하고 극복해야 하는 근본적인 문제는 바로 분열적 모성을 통합하는 일입니다. 이런 구도는 이미 〈하울의 움직이는 성〉에서 할머니가 된 소피, 황야의 마녀, 무서운 설리만 선생님으로 분열된 여성상을 극복, 통합하고 자신의 신부를 찾아가는 모험으로 그려진 적이 있습니다.✦

일본 신화에도 아마테라스 여신의 직계 손자인 '니니기노 미코토'라는 신이 있습니다. 볍씨와 3종의 신기를 가지고 천상에서 인간 세계로 강림한 니니기는 사쿠야 비메와 결혼을 합니다. 신부의 아버지는 니니기에게 그녀의 언니 이와나가 히메도 함께 결혼하기를 권하지만 니니기는 이와나가 히메가 못생겼다는 이유로 언니와의 동반결

✦ 이 부분에 대해서는 김윤아, 『미야자키 하야오』, 살림, 2005를 참조할 것.

니니기노 미코토(출처: 나무위키)

혼은 거절했습니다. 자매의 아버지는 언니는 바위 같은 영원성을, 동생은 단풍잎 같은 번영을 가져오는 신들이어서 동시에 결혼하기를 권한 것이었습니다. 말하자면 '영원한 번영'을 약속한 것이지요. 천황가의 왕손이 단명하거나 사람들이 일찍 죽으면 니니기가 자매 중 동생 사쿠야 비메와만 결혼한 탓이라고 한답니다. 연구자들은 사쿠야가 사쿠라와 비슷하게 발음되고 동일하게 해석된다는 점을 지적하면서 환하게 만개하지만 금세 지고 마는 사쿠라의 특성이 신화에 반영된 것이라고 합니다.

이 신화는 사쿠라처럼 젊은 나이에 애잔하고 흔적도 없이 불에 타 죽은 엄마 히미를 떠오르게 합니다. 히미의 입장에서 친자매인 마츠코는 남편의 새로운 아내이자 (마히토의 동생이 될) 태어날 아기의 엄마입니다. 마히토의 두 명의 엄마는 마치 신화 속 사쿠야 비메와 이와나가 히메를 연상시킵니다. 자매가 한 남자과 결혼을 한다는 설정은 현대인들에게는 무척 낯설고 거부감이 드는 이야기지만 예로부터 유목 사회의 형사취수혼(兄死娶嫂婚)은 특별한 일은 아니었습니다. 가부장제 사회가 재산과 노동력의 소실을 막는 제도적 방법이기도 했습니다. 영화에서도 나츠코가 사는 시골의 저택은 마히토의 외갓

사쿠야 비메(출처: 위키백과)

집입니다. 죽은 엄마의 친정이기도 합니다만 신화 속의 여신들의 아버지가 약속한 영원한 번영의 장소이기도 합니다. 그는 부의 근원이 되는 군수공장의 비행기 창들을 이 저택에 보관하기도 합니다. 신화에서처럼 자매 중 한쪽을 거부했다면 이룰 수 없는 부였는지도 모르겠습니다. 일찍 죽은 첫 번째 아내와 자매인 두 번째 아내가 마히토 아버지에게 영원한 번영을 준 것입니다. 그 안에서 나눠진 모성을 통합해야 하는 당사자는 마히토 본인입니다.

조금 다른 신화적 해석도 가능합니다. 탑 속의 세계에서 불을 자유자재로 다루는 엄마 히미는 일본 신화 최초의 여신 이자나미와 연관지어볼 수 있습니다. 남편이자 오빠인 이자나기와 함께 일본의 국토인 섬들과 화산, 강 등을 낳았다는 이자나미 여신은 화산인 자식을 낳다가 자궁이 타서 죽게 됩니다. 죽은 여신은 지하세계로 가고, 아내를 잃은 남편 이자나기가 이자나미를 찾으러 갑니다. 하지만 이자나미는 남편 이자나기가 문을 열지 말라(들어오지 말라와 보지 말라를 포함하는 금기)는 금기를 어기면서 죽음의 세계에서 나가지 못하고 영원히 갇히고 마는 여신입니다. 용도 폐기된 여신이라 말할 수

이자나미와 이자나기(출처: 위키백과)

있을 것 같습니다. 세계적으로 세상을 창조한 여신을 저승에 가두는 경우는 거의 찾아보기 어렵습니다. 더구나 자발적인 것이 아니라 남편이 금기를 어겨 어쩔 수 없이 지하세계에 유폐되는 경우는 이자나미가 유일합니다. 그리스 신화의 오르페우스의 아내 에우리디체도 남편이 뒤를 돌아보는 바람에 다시 저승으로 돌아가지만 세상을 만든 큰 여신은 아닙니다. 남편의 금기 위반 때문에 이승으로 돌아오지 못한 이자나미는 결국 죽음의 여신이 되고 맙니다. 화를 이기지 못한 이자나미는 남편 이자나기와 이승과 저승의 경계에서 말다툼을 합니다. 이자나미는 하루에 1천 명의 인간을 잡아 죽이겠다고 선언하고(죽음의 기원) 이에 응수한 이자나기는 하루에 1천 5백 개의 산실을 짓겠다(산실은 분만실로 아기가 태어나게 하겠다는 의미)고 합니다. 결국 인간의 생사를 이 두 신이 좌우하는 것입니다.

〈그대들은 어떻게 살 것인가〉에서 임신을 한 나츠코의 산실에 마히토가 들어가면서 아무도 들어가면 안 된다는 금기를 깨게 됩니다.

168

하지만 신화에서와는 반대로 나츠코는 죽음의 세계에 남지 않고 현실로 돌아오게 됩니다. 지하세계에서 불을 무기로 사용하는 이미 (불에 타) 죽은 엄마 히미와 현실 세계의 엄마가 될 이모인 나츠코의 화해는 신화적으로 저승에 남겨뒀던 죽음의 여신 이자나미를 회복시키고 복권하는 과정으로 해석할 수 있습니다. 금기를 어기며 마히토가 산실에 들어갔을 때 나츠코와 마히토는 격하게 말다툼을 합니다. 서로 '네가 싫다'고 소리치며 상대의 본심을 알게 됩니다. 바로 그 순간 마히토와 나츠코 사이의 벽이 허물어지고 하얀 오미쿠지들이 미이라의 붕대가 풀리듯이 주술의 부적들처럼 떨어져 나갑니다. 이 장면에서 두 인물은 표현하지 못했던 진심을 드러냅니다. 소리를 지르긴 했지만 두 사람이 속내를 알게 되었으므로 서로 악의는 없음을 알게 되었습니다.

'악의 없이' 솔직하게 말하는 것은 겐자부로의 소설에서 중요한 주제입니다. 힘들지만 비겁하지 않고 솔직하게 진심을 말하면 화해가 된다는 소설 『그대들, 어떻게 살 것인가』의 우정론이 표현된 것입니다. 그런 증거로 마히토는 이 장면 이후 나츠코를 엄마라고 부르게 됩니다. 신화 속에서는 영원히 저승에서 돌아오지 못했던 어머니 여신 이자나미를 다시 삶의 세계로 이끌어내는 것은 현실로 돌아가면 아들이 될 마히토입니다. 이로써 마히토 혹은 소년 미야자키 하야오의 분열된 모성 트라우마는 치유되고 극복된 것으로 보입니다.

아주 작은 조각들의 세상: 인간 분자설과 그물코의 법칙

소설 『그대들, 어떻게 살 것인가』의 주인공 준이치의 별명인 코페르는 지동설을 주장하는 코페르니쿠스의 이름을 딴 별명이고, 나폴레옹의 투지와 자긍심에서 교훈을 얻습니다. 삼촌은 자신의 진심에 귀 기울이라는 충고와 함께 겪어보지 않으면 모른다는 경험주의를 기반으로 영웅 정신이 두려움을 잊게 만든다고 말합니다. 가장 인상적인 부분은 '인간 분자설'입니다. 코페르는 인간 분자들이 그물코처럼 연결된 사회를 알아가고 친구들과의 관계에 대해서도 배웁니다. 외삼촌과 노트를 주고받으며 성장해가는 소년 코페르에 관한 책을 읽으며 동일시했던 소년 미야자키 하야오가 상상이 됩니다. 코페르가 '사람이 정말 분자인 것 같다'고 토로하자 삼촌은 한 사람 한 사람이 모두 이 넓은 세상의 분자라며 세상은 그런 분자운동으로 만들어진다고 설명합니다. 천동설이 지동설로 변하는 코페르니쿠스적 전환 과정을 통해 코페르는 자기중심적 관점이 어른이 되면서 세상의 넓이를 알아가고 그 안의 그물코와 같은 수많은 사물과 사람의 존재를 이해하게 됩니다. 외삼촌은 코페르에게 그렇지만 자기중심의 사고에서 벗어나는 것이 아주 드물고 어려운 것이라고도 말해 줍니다. 그럼에도 불구하고 '너 자신의 가치관과 진심을 실천하라'고 하지요. 누가 뭐라 해도 자신에게 떳떳한 '훌륭한 사람'이 되어야 한다고도 합니다.

책이 출간된 1937년 당시의 일본 지식인들의 윤리적 교훈을 미야자키 하야오 감독은 어린 시절 이 책을 읽으며 본인의 것으로 체화했던 것 같습니다. 목장에서 분유가 만들어져 자신에게 오기까지의 과정을 통해 코페르는 '생산관계'를 배우고 한 편이기를 맹세한 친구를 자신의 비겁함 때문에 저버리는 사건을 통해 '친구'와 '우정'의 소중함도 알아갑니다. 애니메이션에 등장하는 이 소설은 엄마의 유품이자 소년에게 삶을 대하는 자세를 가르쳐주는 역할을 합니다. 영화 속 마히토는 이 소설을 읽고 눈물을 흘린 후 왜가리를 따라 죽은 엄마를 구하러 성 안으로 들어갑니다. 모험의 세계로 들어가는 아이의 마음 가짐과 태도를 짐작할 수 있고 진정 모험을 시작하게 만드는 방아쇠 역할을 하는 것이 바로 이 소설입니다.

소설 속 세계관은 바로 애니메이션 작품 전반의 주된 이미지가 된다는 점에서도 소설과 애니메이션은 무관하지 않습니다. 당시는 현미경이 발달하면서 세포와 원자, 분자 같은 과학적 개념들이 널리 알려지기 시작하던 시기였습니다. 우리의 몸이 수많은 세포로 이루어졌고 사회도 인간들의 그물망 같은 관계로 유지된다는 것을 받아들이며 시야가 넓어졌던 시기인 것입니다. 분자 같은 작은 조각들로 구성된 만물은 그 작은 조각들로 다시 환원될 수도 있을 것입니다.

〈그대들은 어떻게 살 것인가〉의 인상을 좌우하는 주요 이미지들은 흩어져 날리는 불씨들, 왜가리가 부리로 물어 부러뜨리는 나뭇가지, 산산이 부서져 버리는 목검, 검은 물이 되어 흘러내리는 엄마, 수십 마리가 한 번에 날아와 부딪히는 펠리컨, 마히토의 몸을 기어오르는 개구리들, 무너지는 돌탑, 물방울처럼 둥실 떠올라 하늘로 올라가는 하얀 와라와라들, 파괴되는 운석, 부서지는 빛의 터널, 거대한 앵무들이 작은 앵무새가 되어 날아가는 장면 등처럼 정말 수많은 파편화하는 이미지들로 넘칩니다. 파편화와 동시에 졸아들고 작아지며 작은 조각들로 부서지고 나뉘며 흩어지는 해체의 이미지들은 마치 미야자키 하야오 왕국, 자신이 믿었던 신념의 세계가 속절없이 무너지며 사라져가는 무상함과 허무감을 형상화한 것이 아닐까 하는 의구심마저

들게 합니다. 물, 불, 나무, 바위 같은 생명이 없는 존재들은 부서지고 무너지고 흘러내리며 소멸합니다. 이는 유기물이 무기물로 돌아가는 죽음의 욕망처럼 느껴지기도 합니다. 마히토의 몸으로 기어오르는 개구리 떼, 맹목적으로 몰려다니는 펠리컨, 와라와라 같은 동물적 존재들은 확 일어났다가 사라집니다. 탑 속의 세계에서는 터질 듯 커다란 덩치를 갖고 있던 군복 입은 앵무 군사들은 현실로 나오면서 작은 보통의 앵무새들로 쪼그라들면서 군복이 벗겨지고 물똥을 갈리며 날아갑니다. 마치 군국주의 시절 팽창되었던 앵무새들의 몸집이 전쟁이 끝나 평범한 일상으로 돌아오면 줄어들고 작아지며 똥만 남기고 날아간다는 것을 보여주는 것일까요? 이 작품이 여든을 넘겨 은퇴를 번복하며 들고 온 자전적 작품임을 감안하면 노감독의 삶에 대한 허무와 회한인지도 모르겠다는 생각이 듭니다. 마히토의 두려움과 욕망을 표현하는 것만 같은 개구리 떼들은 소년의 몸을 떼 지어 스멀스멀 기어오릅니다. 마히토를 무덤으로 밀어 넣으려고 수십 마리가 한꺼번에 날아오던 펠리컨의 이미지들은 종국에는 방향 상실의 죽음 이미지, 헛된 욕망에 따라 맹목적으로 몰려다니는 좀비적 이미지 같기도 합니다.

봄날 환하게 피었다가 사쿠라 꽃잎들이 바람에 날려 천천히 흩어지는 '지는 사쿠라'에 대한 일본인들의 정서를 '모노노아와레'(もののあわれ, 애상)라고 합니다. 흩어져 사라지는 것들에 대한 모노노아와레적 감성은 〈바람이 분다〉에서 내리는 눈이나 비, 아픈 아내의 각혈, 떨어지는 제로센 전투기 같은 '추락'의 이미지로 드러난 바 있습니다. 이 추락의 이미지들은 〈그대들은 어떻게 살 것인가〉에 오면 흩어지

고 부서지고 무너지며 파편화하는 이미지로 변화합니다. '지는 사쿠라'와 유사하긴 하지만 또 다른 일본적 미의식을 표현하는 단어인 '산화'나 '옥쇄'와 더 비슷해 보입니다. 조용하고 하늘하늘하게 지는 사쿠라보다 속도와 파열의 정도가 더 순간적이고 강한 뉘앙스를 풍기는 단어가 산화와 옥쇄입니다.

인류학자 오오누키 에미코는 『사쿠라가 지다, 젊음도 지다』에서 '지는 사쿠라'처럼 흔적을 남기지 않고 깨끗이 흩어져 사라지는 '산화(散花/散華)'와 옥처럼 산산이 부서진다는 의미의 '옥쇄(玉碎)'(명예나 충절을 위해 깨끗하게 죽는다는 뜻)는 일본 군국주의의 미의식과 연결된다고 봅니다. 그러한 미의식과 미적 정조는 군국주의나 제국주의 시절에 대한 향수를 불러일으키고 시각적으로 낭만화할 위험을 내포합니다. 노감독은 왜 아름다웠던 미야자키 월드를 산화나 옥쇄의 방법으로 스스로 폐쇄하고 무너뜨리며 "나를 배우는 자는 죽는다"고 경고를 보내는 것일까요? 이 영화의 흩어지며 사라지고 나뉘면서 흐물흐물해지는 이미지들은 어떤 의미를 내포하는 것일까요? 우리도 살려면 어쩔 수 없이 와라와라들을 잡아먹을 수밖에 없었다는 펠리컨의 말은 일말의 반성이었을까요?

악의를 갖지 않는 자, 펠리컨의 변명

큰할아버지는 '악의'를 갖지 않은 자만이 내일(tomorrow)을 이어받아 세상을 바르게 이끌 수 있다고 말합니다. 그 '악의'란 마히토에게는 자신의 머리를 돌로 쳐서 상처 내는 자해입니다. 그 상처로 자신을 때렸던 아이들이 벌을 받게 될 거라는 것을 알고 한 악의 있는 행동이었던 것입니다. '악의가 없어야 한다'는 명제는 소설 『그대들, 어떻게 살 것인가』의 첫 장에 유부 사건이라는 에피소드와 함께 논의됩니다. 돌아가신 아버지를 대신해서 외삼촌은 코페르에게 '당당한 남자로 훌륭하게 살면 좋겠다'는 아버지의 마지막 희망을 들려줍니다. 외삼촌은 비열한 짓을 싫어하고, 변명을 미워하고 남자답게 자기가 한 일에 책임질 줄 아는 용기를 강조합니다. 이러한 교훈의 내재화는 상처 입고 죽어가는 펠리컨의 입을 통해 드러납니다. 펠리컨은 자신들이 이 죽음의 세계에 내던져졌으며 바다에는 물고기가 적고 먹을 것이 없어 어쩔 수 없이 와라와라들을 잡아먹을 수밖에 없었다고 말합니다. 큰 입을 가진 펠리컨들은 죽음의 세계에서 맹목적인 삶의 욕망을 지닌 존재들로 그려집니다. 마치 자신들의 악행에 대해 통째로 사과하는 것 같은 느낌마저 들지만, 다시 생각해 보면 '우리들도 어쩔 수 없었다'며 그 '악의'를 변명하고 있습니다. 펠리컨들은 살기 위해 먹으려는 욕망으로 몰려다니는 본능에 좌우되는 존재들이고 저주받고 오욕을 당해도 혹은 비겁하게라도 '살아야 한다'는 의지를 보이는 인간들을 은유하는 것 같습니다.

미야자키 하야오 작품 속을 관통하며 강박적으로까지 느껴지는 '살아야 한다'는 메시지들이 일견 이해가 되는 순간입니다. 주변국들을 침략하고 수탈했던 일본 제국주의 혹은 군국주의에 대한 사과인지 변명인지 모를 이야기로 해석할 수도 있겠습니다. 여기서 주목해야 할 것은 그의 변명을 다 들은 마히토는 죽은 펠리컨을 아무 말 없이 파묻어준다는 점입니다. 펠리컨들의 악행을 용서해야 할 주체는 와라와라들입니다. 만일 그것이 용서의 행위라면 펠리컨을 마히토가

왜가리 남자

용서하는 것이 적절한가 싶습니다. 정작 희생당한 와라와라들에게는 용서를 구하지 않고 마히토가 말없이 묻어주는 행위는 어떻게 해석해야 할까요? 일본 제국주의의 침탈을 당한 식민지 경험을 가진 우리는 강제징용이나 정신대 위안부와 같은 전쟁 범죄를 떠올리지 않을 수 없습니다. 자신들도 피해자라는 〈반딧불이의 묘〉(1988)가 보여주는 희생자 코스프레와 무엇이 다를까 싶습니다. 그럼에도 불구하고 펠리컨의 변명은 미야자키 감독의 고민이 엿보이는 장면이기도 합니다. 정작 펠리컨들의 와라와라 공격을 퇴치하는 존재는 어린 엄마 히미입니다. 히미는 새로운 생명들을 지켜내고 인간으로 태어나게 하는 말하자면 삼신할미 같은 힘을 가진 존재로 그려집니다.

영화의 말미 탑 안의 세계를 물려받아 네가 이어가지 않겠냐는 큰할아버지의 제안에 마히토는 '자신은 악의를 가진 존재라 그럴 자격이 없다'며 거절합니다. 이것이 미야자키 하야오가 많은 작품에서 전쟁을 배경으로 삼고 그 시절을 꾸준히 그려냈던 제국주의, 군국주의 일본의 '악의'에 대해 진심을 말하는 지점일까요? 비겁하지 않고 훌륭하고 떳떳한 사람이 되고 싶은 사람의 결론이며 펠리컨의 입을 빌려 완벽하진 않지만 사과와 반성을 보이는 것이라고 받아들이면 될까요? 미야자키 감독의 인터뷰를 찾아보니 전쟁에 반대하지만 밀리터리 덕후로서 작품 안에서 그리는 장면들은 서로 모순적이지 않은가 하는 질문에 웃으며 모순이라고 대답하는 것을 본 적이 있습니다.

미야자키 하야오 감독 이후 스튜디오 지브리를 이어갈 후계자가 없다는 점을 떠올리고 '악의 없이' 미야자키 월드를 계승할 인물을 찾지 못하자 자신이 구축한 세계를 자기 손으로 문 닫고서 스스로 신화가 되겠다는 의지가 엿보이기도 합니다. 그래서 '(나는 이렇게 살았는데) 그대들은 어떻게 살 것인가' 하는 묵직한 화두를 던집니다. 그런데 의문점 하나는 일본과 한국 등 몇몇 나라를 제외하고는 〈소년과 왜가리 The Boy and the Heron〉라는 제목으로 이 작품을 발표한 것입니다. 그저 소년과 왜가리가 나와서 그런 제목을 붙였다고 인터뷰를 했지만 그렇게 간단해 보이진 않습니다. 원제목이 너무 직접적이고 권위적으로 들려서 그랬을까요? 속내는 잘 모르겠지만 동서양의 사고방식의 차이를 감안한 것으로 보이기도 합니다.

원작과 각본─미야자키 하야오
한편 이 작품에 상당한 영향을 미쳤으며 미야자키 감독이 감명을 받았다는 『잃어버린 것들의 책』은 아일랜드의 작가 존 코널리의 판

176

『잃어버린 것들의 책』(2010)

타지 소설인데, 전체적인 서사구조뿐 아니라 등장인물들이 너무 흡사해 책을 읽고 나면 〈그대들은 어떻게 살 것인가〉의 원작은 이 책이 아닌가 하는 의구심이 듭니다. 위키피디아에는 이 소설과 애니메이션의 관계에 대해 '느슨한 틀'(a loose framework)을 가져왔다고 표현하고 있습니다. 그 느슨한 틀은 영화 전편에 걸쳐 강력하게 작동하고 있습니다. 세상의 모든 판타지는 대부분 보통세상에서 특별한 세상으로 넘어가 모험을 하고 다시 보통세상으로 돌아오는 기본 서사구조를 지니고 있습니다.

엄마의 죽음, 아버지와 남겨진 어린 아들, 전쟁을 수행하는 정부를 위해 일하는 아버지, 아픈 엄마와 관계가 있었던 새엄마(간호사/이모), 늙은 왕의 후계자 찾기 등은 유사한 서사 구조라 할 수 있습니다. 또한 소설 속 꼬부라진 남자는 왜가리 남자로, 백설 공주와 일곱 난쟁이로 보이는 나츠코와 일곱 할멈들로, 펠리컨과 앵무새로 바뀐 늑대 인간, 모든 트롤(왜가리)은 거짓말쟁이라는 수수께끼의 유사성 등 결코 느슨하다고 할 수 없는 너무도 똑같은 서사구조와 캐릭터들을 그려내고 있습니다.

사실 미야자키 감독의 〈그대들은 어떻게 살 것인가〉는 아일랜드 작가 존 코널리의 『잃어버린 것들의 책』을 이야기의 틀로 삼고 있을 뿐 아니라 그 소설이 가진 그로테스크한 패러디 정조까지 유지하고 있습니다. 다만 원작의 설정이 감독 자신의 어린 시절 사건들과 매우 비슷해서 쉽게 공감했을 것 같습니다. 그래서 세부적인 내용을 변형하고 채워 넣었다는 것은 책을 읽어본 사람이라면 누구나 알 수 있습니다. 이것을 오롯이 원작이 없는 오리지널 스토리라고 할 수 있을까요? 존 코널리 작품의 서사구조에 감독 자신의 자전적 사건들을 채워 재구성하는 것을 원작이라고 해도 되는 것인가 하는 의문이 듭니다.

각색은 원작을 어떻게 변형하고 그 원작에 어느 정도 충실한가를 가늠하지만 이 변형성과 충실성 모두 각색의 정도를 말합니다. 가령, J. R. 톨킨 원작의 『반지의 제왕』은 피터 잭슨 감독에 의해 영화화되면서 변형성이 크게 작용하였습니다. 물론 톨킨은 이미 이 세상 사람이 아니기도 했지만 피터 잭슨 감독의 이미지적 구현은 톨킨의 것들을 넘어서는 성취를 이루었습니다. 반면 조앤 롤링의 『해리 포터』 시리즈의 영화화는 각색의 충실성에 있어 대표적인 작품입니다. 작가가 영화감독을 선정하고 배우들은 선택하는 데 큰 영향력을 행사했으며 각색 과정과 촬영현장도 원작에서 벗어나지 않기를 강력하게 원했다고 합니다. 그래서 원작의 작가 머릿속의 장면들이 영화로 구현되는 결과를 만들어냈습니다. 오래전 한국 영화 〈파이란〉(송해성, 2001)은 일본의 단편소설을 원작으로 한국에서 각색되고 영화화되었습니다. 박찬욱 감독의 〈올드보이〉(2003)도 일본 만화를 각색한 영화입니다. 이처럼 원 소스 멀티 유즈(OSMU)가 일반적인 현재 상황에서 매체 간의 각색이 빈번하게 이루어지는 미디어 환경을 생각하면 원작이 무엇인지 말하는 것은 꽤나 중요한 일 같습니다.

미야자키 하야오 감독의 작품 중 〈하울의 움직이는 성〉은 원작이 있습니다. 전쟁 관련 장면들을 각색해 넣기는 했지만 영국의 판타지 작가 다이아나 윈 존스가 쓴 동명의 소설을 원작으로 합니다. 감독 입장에서는 소설의 설정이 자신의 어린 시절과 너무도 비슷해 동질감을 느끼기에 충분했을 것 같기는 합니다만 〈그대들은 어떻게 살 것인가〉의 크레딧의 마지막에 "원작, 각본, 감독—미야자키 하야오"라 적시하고 있습니다. 오리지널 시나리오라면 원작, 각본이라는 항목이 불필요해 보일 것 같습니다만 감독은 자신의 자전적 이야기가 담긴 본인의 원작이라고 합니다. 원작은 무엇이고 각본은 무엇인지, 원작이 있으면 각색을 하는 것이고 오리지널 각본이 있다면 원작은 무엇을 말하는 것인지 이해하기가 쉽지 않습니다.

미야자키 감독의 진정한 은퇴작

은퇴를 번복하면서까지 만들어야 했던 미야자키 하야오 감독의 〈그대들은 어떻게 살 것인가〉는 진정한 은퇴작일 것으로 보입니다. 이 작품에서 주인공은 더 이상 하늘을 날지 않습니다. 비행체를 타지도 않습니다. 날아가는 것들은 새들입니다. 왜가리, 펠리컨, 앵무새들이 날고 인간의 영혼인 와라와라들이 날아오릅니다. 미야자키 감독의 주인공이 더 이상 날지 않는다는 것은 더 이상 애니메이션으로 꿈을 꾸지 않는다는 의미로도 파악됩니다. 소년은 어린 시절부터의 트라우마였던 분열된 모성을 통합하고 죽은 엄마, 이모 엄마와 마침내 화해했습니다.

〈이웃의 토토로〉에는 칠국산 병원의 아픈 엄마가 나옵니다. 〈원령공주〉에서 산은 인간 엄마에게 버림받고 들개 엄마가 키운 딸입니다.

〈벼랑위의 포뇨〉에서 포뇨의 엄마는 나만의 엄마가 아닌 모두의 엄마인 관세음보살입니다. 〈하울의 움직이는 성〉에는 엄마라는 존재가 없습니다. 엄마의 역할을 했던 설리만 선생은 엄마가 아니라 무서운 스승입니다. 〈센과 치히로의 행방불명〉에서는 돼지가 되어버리는 엄마가 등장합니다. 엄마가 없는 아이에게 '네 엄마가 살아있어.'라는 말이나 엄마의 목소리가 들려서 판타지의 세계로 이끌리는 일은 얼마나 간절한 마음에서 비롯된 것이었을까 생각해봅니다. 미야자키 하야오 감독은 그런 자신의 상처와 회한을 표현하고 미진하지만 자신의 악의를 드러내며 사과와 반성까지 한 것 같습니다. 솔직하게 다 드러내 보여주고서 자신이 평생 만들어온 세계를 무너뜨리고 닫았습니다. 비로소 마지막 작품에 이르러서야 악의 없는 사람에 의해 평화롭고 올바른 세상이 되기를 염원합니다. 나는 이렇게 살았는데 당신들은 어떻게 살 것인가라고 늙은 왕이 묻고 있습니다.

13. 합체 · 변신 · 진화하는 몬스터

〈극장판 포켓몬스터〉(2018)

태양신 아폴론의 사랑을 거부한 아름다운 요정 다프네가 월계수로 변하고, 신들의 아버지 제우스는 자신이 사랑한 이오를 하얀 암소로 만들어버립니다. 지혜의 여신 아테나 앞에서 길쌈 실력을 뽐내던 아라크네는 여신의 저주로 거미가 됩니다. 또 사냥을 마친 후 목욕을 하던 숲의 여신 아르테미스의 알몸을 훔쳐본 악타이온은 여신을 모독한 죗값으로 몸이 수사슴으로 변해 자신의 사냥개들에게 찢겨 죽고 맙니다. 연못에 비친 자기의 아름다운 모습에 스스로 도취해 물에 빠져 죽은 나르키소스가 다시 피어난 꽃이 수선화이고, 아폴론과 원반던지기를 하던 휘아킨토스는 안타깝게 죽어서 보랏빛의 히아신스가 되었답니다. 제우스의 연인 칼리스토는 헤라의 저주로 곰이 되어 버립니다. 아들 아르카스가 곰이 된 엄마를 사냥하려는 순간, 아들이 어머니를 죽이는 비극을 막기 위해 제우스는 모자를 하늘의 별자리로 만들어 버립니다. 큰곰자리와 작은곰자리에 얽힌 사연입니다. 고대 로마의 시인 오비디우스가 쓴 그리스 신화의 제목은 다름 아닌 『변신 이야기 Metamorphoses』입니다. 그 제목처럼 몸이 바뀌는 이야기가 신화인 것입니다.

메타모포시스

동서양을 막론하고 신화 속에는 몸이 변하는 다양한 이야기들이 많습니다. 그리스 신화의 『변신 이야기』보다 연대가 올라가는 오래전 동양 신화 속 신기하고 이상한 존재들이 여러 이미지로 남아 있는 책이 있습니다. 진시황의 분서갱유에서 살아남은 책으로 아직도 어떤 성격의 책인지 의견이 분분한 책, 바로 중국의 『산해경山海經』입니다. 『산해경』은 하나라의 우왕과 치수 사업을 함께 한 백익이 지었다고 주장한 학자들도 많았지만 현재는 주나라의 무당 계급에 의해 쓰인 책이라고 추정합니다. 하나라든 주나라든 연대로 보면 그리스 신화가 쓰이기 시작한 시기보다 훨씬 이전입니다. 이 책에는 그리스 신화나 다른 어느 곳의 신화 체계보다 많은 신이적 존재들이 대거 등장합니다. 물질성이 두드러지지 않는 한국의 귀신이나 괴이쩍은 일본의 요괴들과는 조금 결이 다른 다양한 스펙트럼의 존재들입니다.

『산해경』에 묘사된 신이적 존재들

이 책에는 인간을 초월하는 신적 존재들이나 이상한 짐승들, 식인 괴수들, 이국적인 여러 존재들, 신화 속 인물들과 영웅들이 망라되어 있습니다. 서술의 형식은 어떤 존재에 대한 그림이 있고 그 존재가 사는 특정한 장소가 제시되고 특징을 설명하는 것입니다. 그 원내용에 당나라, 송나라, 명나라 등 여러 시대의 작가들이 설명을 덧붙이거나 다른 주장을 제기하며 수많은 각주와 이본들이 전해지는 '동양 신화의 보고'라고 할 만한 책이 『산해경』입니다.

　『산해경』의 구성은 크게 산경과 해경으로 나뉘며 다시 산경을 남산경, 서산경, 북산경, 동산경, 중산경의 다섯 지역으로, 해경은 해외경과 해내경으로 나뉘며 각각이 다시 동서남북으로 나뉘고, 더하여 동서남북의 대황경 등으로 구분되어 있습니다. 지역마다 동식물이나 광물을 소개하거나 바다 밖에는 어떤 나라와 어떤 사람들이 사는지를 적고 있어서 이 책이 지리를 다루는 책이라는 주장, 하늘의 천문을 그린 책이라는 설, 세상의 많은 것들을 소개하는 박물지라고 주장하는 학자들도 있습니다. 사실 책의 앞부분은 지리서나 박물지와 같은 성격이 두드러지고 뒷부분은 신화적인 이야기들이 많은 경향성을 보이지만 이 책이 정확히 어떤 의도와 성격을 갖는 책인지에 대해서는 (대개의 소개 글들은 신화지리지라고 서술하고 있긴 하지만) 학자들 사이에서도 아직 분명한 의견의 통일을 보지 못하고 있습니다.

하지만 이 책은 설명과 각주뿐 아니라 다수의 이미지들을 포함하고 있어 가히 동아시아 이미지의 보물창고라는 말을 듣는 것은 자연스럽고 타당해 보입니다. 혹자는 중국의 책인데 왜 동아시아라고 하느냐 의문을 품을 수 있습니다. 지금 우리가 떠올리는 대륙 전체를 포괄하는 공산주의 중국은 고대의 중국이라 하기 어렵고, 이 책의 내용을 들여다보면 동이계라 유추되는 신묘한 존재들이 다수를 차지합니다. 중국의 신화 체계는 화하계, 동이계, 묘만계 신화가 어우러져 형성된 것으로 보고 있습니다. 현재는 중국 동북방의 동이계와 남쪽의 묘만계를 같은 뿌리에서 갈라진 계통으로 보는 학자도 있습니다.

근현대를 지나며 중국의 강역은 점차 확장되었고 현재의 중국은 56개 소수민족으로 이루어진 거대한 나라가 되었습니다. 신화를 연구하거나 공부할 때 유념해야 할 것은 현재의 국가 개념은 오래전 신

청구산에 사는 구미호(그림1)   저인국의 인어 아저씨(그림2)

화가 형성되고 공유되던 시기와 다른 경우가 많다는 점입니다. 『산해경』은 한국이나 일본, 동남아 등으로 전해졌던 고서였기 때문에 동아시아 신화 이미지의 보고라는 말은 타당한 표현이라고 생각됩니다.

누구나 잘 아는 구미호(九尾狐)를 예로 들어볼까요? 남산경에 등장하는 구미호는 청구산에 사는 짐승입니다. 생김새는 여우같은데 아홉 개의 꼬리가 있으며 소리는 마치 어린아이 같고 사람을 잘 잡아먹는다고 적혀 있습니다. 그 설명 옆에는 구미호 한 마리가 오른발을 들고 앉아 있는 그림이 그려져 있습니다. (그림1)

해내남경에는 인어 아저씨도 등장합니다. 저인국(低人國)이 건목의 서쪽에 있는데 그들은 사람의 얼굴에 물고기의 몸이고 발이 없다고 적혀 있습니다. 처음 저인국 사람들의 이미지를 보았을 때 인어를 어린 공주라고만 생각해 온 디즈니적 편견이 깨지는 경험을 합니다. 성인남성의 모습을 한 인어 아저씨입니다. (그림2)

이런 식의 구성으로 수백 개의 신이한 존재들이나 신들, 미지의 나라들에 대한 그림과 설명이 수록되어 있습니다. 대인국도 있고 소인

군자국 사람들(그림3)

국도 있고 호랑이 두 마리를 개처럼 거느리고 다닌다는 군자국에 대한 이야기도 실려 있습니다.(그림3) 동쪽의 군자국은 한반도의 우리 민족을 말한다고 합니다. 머리가 셋인 새들도 있고 몸통 열 개에 머리가 하나인 하라어라는 물고기도 등장합니다. 상상할 수 있는 모든 하이브리드적 존재들이 총출동하는 것 같습니다. 물고기의 몸에 사람의 팔다리가 달려 있거나 거북이 등껍질을 지닌 물개 같은 존재도 있고 꼬리가 열 개인 호랑이 같은 기이한 존재들로 책 속은 차고 넘칩니다.

그런데 이러한 산해경 속 존재들이 수십 년간 아이들의 인기를 끌고 있는 포켓몬스터와 무슨 연관이 있는 것일까요?

이상해씨, 꼬부기, 나인테일, 두두나 두트리오, 시라소몬이나 라프라스 같은 포켓몬스터들은 그 근원적 이미지가 오래전 백제를 통해 일본에 전해졌다는 『산해경』의 이미지들입니다. 흥미로운 것은 우리의 옛 문헌들에는 산해경에 대한 글들은 간간이 남아 있는데 이미지를 그린 것이 없다는 점입니다. 30여 년 전 황지우 시인은 시집 『게 눈 속에 연꽃』에서 『산해경』에 영감을 받은 '산경'이라는 긴 시를 발표했습니다. 그 시는 『산해경』식의 서술로 당대 한국의 현실과 대도시 서울의 지역들을 풍자한 시입니다.

산경(山經)

무릇 경전은 여행이다. 없는 곳에 대한 지도이므로.

누가 아빠 찾으면, 집 나갔다고 해라.

이타심은 이기심이다. 그러나 이기심은 이타심은 아니다.

(중략)

남산경(南山經)

남산의 첫머리는 회현(會峴)이라는 고개이다. 그 고개는 남산의 북향 그늘이 드리워져 늘 음습하고 차가워, 사람 살 곳이 못 된다. 이곳의 어떤 풀은 그 생김새가 푸른 지렁이 같고, 가느다란 털이 달려 있고, 끈끈이액이 나와, 사람이 다가가면 긴 줄기로 휘감아 잡아먹으려 든다. 이름을 창부(蒼芺)라 한다. 이것에 닿으면 오줌을 자주 눈다. 이곳의 어떤 나무는 가지가지가 모두 초록(草綠)뱀으로 되어 있다. 바람이 불면 찢어진 혀를 날름거리며 사납게 울부짖는다. 이 사목(蛇木)의 까만 열매를 먹으면 아이를 못 낳는다. 폐수(廢水)가 여기에서 나와 청계(淸溪)로 흐르는데, 그 속에는 입 없는 비닐뱀장어들이 많이 산다. 먹어서는 아니 된다. 회현 마루에서 남산 꼭대기까지에는 닭머리에 살무사 꼬리를 단, 커다란 거북이가 날개를 달고 날아다니는데, 이름을 계불가(鷄沸蚵)라 한다. 이 새의 염통은 욕망이다. 그것이 그것을 날게 한다. 남산 꼭대기에는 폭군 희(熙)를 죽이고 희의 양아들 악지(樂漬)에게 죽임을 당한 희의 신하 규(圭)가 사지가 잘린 채 높은 고목에 걸려 있는데, 영생의 저주를 받아 죽지 않고 살아있어, 계불가가 날마다 날아와 그의 목마른 입에 폐수의 물을 한 모금씩 떠넣어준다. 규가 목말라 소리쳐 울면 마른번개가 쳐, 부근에 풀과 나무가 없다. (후략)

남산, 회현, 청계천 등의 익숙한 이름들이 등장합니다. 한문으로 표기된 이름 중 몇몇은 한자 옥편에도 없는 만들어진 한문자들입니다. 온갖 괴이하고 비현실적인 괴물들을 등장시켜 당대의 부조리를 풍자하는 인상적인 시라는 생각을 합니다. 영화 장르 중 호러나 SF와 같은 장르들이 당대 사회를 비틀어 보여주는 기능을 하곤 하는데 '산경'이라는 시가 그런 의도를 드러내는 듯합니다. 풍자적 웃음은 박장대소의 하하호호 하는 순진한 웃음이 아니라 낭중침 같은 교정의 의도를 가지고 있는 뾰족한 웃음입니다.

그런데 오래전 백제를 통해 일본으로 『산해경』이 전해지자, 에도 시대(중국의 명, 청에 해당하던 시기) 사람들은 산해경의 원래 이미지를 자신들만의 방식으로 '다시 그리기(re-drawing)'를 합니다. 일본에는 산해경과 산해도를 합쳐 그린 『괴기조수도권』과 같은 제목을 가진 고서가 전해지고 있습니다. 한국에는 『산해경』을 다시 그린 서적은 존재하지 않고, 한반도를 통해 전해진 일본에는 『산해경』을 다시 그린 책들이 남아 있습니다.

아마도 모습을 드러내는 것보다는 소리나 느낌 같은 형체가 없는 것을 두려워하는 한국적 정서와는 달리, 형체나 이미지가 눈에 보이

『괴기조수도권』에 실린 인면조(세이조 대학 소장)

지 않으면 두려워하지 않는 일본적 정서 혹은 감성 구조가 『산해경』의 기이한 존재들을 자기들 방식으로 다시 그려냈던 것이 아닐까 추측해봅니다. 어쨌든 오래전 『산해경』의 이미지를 직접 그대로 가져다 쓰지는 않더라도 포켓몬스터의 괴물과 요괴들의 생성 원리는 『산해경』의 많은 캐릭터들에서 유래하거나 힌트를 얻어 현대적 문화콘텐츠로 만들어졌다는 점은 부정하기 어렵습니다.✦ 한국에서는 황지우 시인의 묵직한 정치적인 우화를 만드는데 『산해경』이 영감을 주었다면 일본에서는 어린이들을 대상으로 하는 킬러 콘텐츠인 포켓몬스터로 재탄생한 것입니다. 『산해경』의 괴이쩍은 하이브리드 캐릭터

✦ 관련 소논문 참조. 김윤아, 「왜 포켓몬스터가 아이들을 미치게 하는가」(영상문화 2호), 「디지몬 연구」(영상문화 3호), 「요괴 캐릭터 연구―요괴 이미지의 생성원리를 중심으로」(2009, 만화애니메이션연구 16호), 「애니메이션 이미지의 '진화'에 관한 연구―몬스터 애니메이션의 캐릭터를 중심으로」(2010, 만화애니메이션연구 18호), 「몸 바꾸기 장르 애니메이션 연구―합체, 변신, 진화의 장르 관습을 중심으로」(2010, 영상문화 18호)

들이 포켓몬들의 조상이라고 할 수 있습니다.

영원불멸의 포켓몬?

지금으로부터 25년 전인 1999년 7월 8일 한국에서 〈포켓몬스터〉 애니메이션이 텔레비전에서 첫 방영되었습니다. 일본에서는 1997년에 처음 방영되었고요. 〈포켓몬스터〉 시청 시간이면 놀이터에서 놀던 아이들은 모두 텔레비전 앞에 앉아 주제가를 따라 부르며 즐거워했습니다. 다시 포켓몬스터가 장안의 화제가 된 것은 2017년 증강현실 게임 '포켓몬 고'가 한국에 상륙하고 나서였습니다. 포켓몬이 출현하는 실제 지역을 돌아다니며 플레이를 하는 포켓몬 고는 구글 지도를 기반으로 하는 증강현실 게임이었습니다. 분단국가인 한국에서는 구글 지도가 원활하게 구동되지 않아 특정 지역에서만 포켓몬이 잡히는 상황이 벌어지며 대중적 관심을 끌었습니다. 그러다가 2022년 '포켓몬 빵' 품절 사태가 벌어집니다. 사실 품절 사태의 핵심은 빵이 아니라 그 안의 포켓몬 캐릭터들이 그려진 띠부띠부씰 스티커였습니다. 도대체 누가 이 포켓몬 빵의 품절 사태를 일으키는가 하는 여러 매체의 분석 기사들은 어린 시절 포켓몬을 보고 자란 현재 서른이 넘은 청년세대를 포켓몬 빵 품절 사태를 빚은 주요 구매 세력으로 지목했습니다. 어린 시절에는 빵을 많이 사지 못했던 아이들이 어른이 되어 구매력이 생기자 향수 어린 스티커를 갖기 위해 포켓몬 빵을 대량으로 구매한다는 것이었습니다.

왜 수십 년이 지나도 포켓몬의 인기는 여전할까요? 포켓몬 애니메이션에 열광했고, 포켓몬 카드를 가지고 놀았으며, 친구들과 함께 경

〈포켓몬스터〉 시리즈의 한 장면

쟁적으로 포켓몬 게임을 했던 아이들이 추억의 빵을 다시 사고 스티커를 모으며 귀여운 주머니 괴물들은 잡으러 다닌다는 것인데요, 시대를 초월해 지속적으로 강력한 매력을 발산하고 있는 일본산 포켓몬스터는 여전히 생각 거리를 던지는 킬러콘텐츠입니다.

그런데 왜 사람들은 괴물을 무서워하면서도 좋아하고 이상하고 엽기적인 이야기에 매혹되는 것일까요? 포켓몬스터는 일본에서 만들어진 콘텐츠이니 일본적인 상황을 한 번 살펴봐야 할 것 같습니다.

심야괴담회 햐쿠모노가타리

일본은 헤이안 시대부터 전통 놀이문화의 하나로 '햐쿠모노가타리'라고 불리는 심야괴담회가 인기였다고 합니다. 햐쿠모노가타리는 당시 일본의 요괴 문화를 선도했다고 할 수 있습니다. 요괴 친화적인 일본에서 요괴들을 주인공으로 하는 〈게게게노 기타로〉, 〈요괴인간〉,

〈드래곤볼〉 같은 애니메이션이 아이들을 대상으로 만들어진 것은 어찌 보면 필연이라고 할 수 있습니다.

더구나 애니메이션의 세계는 실재하는 것들을 보여주는 것이 아니라 상상 속 존재들이 움직이는 것이므로 어른보다는 아이들이 더 좋아하고 즐깁니다. 생명이 없는 그림이 살아 움직이는 환영을 보여주는 것이 애니메이션이라고 한다면, 기차나 자동차, 비행기와 상상의 대화를 하고 같이 노는 아이들에게 요괴나 괴물들이 친구가 되는 모험은 이상한 것이 아니니까요. 더구나 일본인들은 지진이나 쓰나미, 화산 폭발 같은 잦은 천재지변으로 무차별적인 폭력적 죽음을 일상적으로 경험해 왔습니다. 그런 자연환경으로 인해 벌어지는 죽음의 공포를 '햐쿠모노가타리'와 같은 괴담회 형식의 독특한 놀이문화로 승화시켰던 것이 아닐까요?

햐쿠모노가타리는 여러 명의 참가자들이 하나씩 무섭거나 기이한 이야기를 돌아가면서 하고 이야기를 한 사람은 자신의 등을 껐다고 합니다. 그렇게 순배가 돌고 나면 밤은 점점 깊어지고 칠흑같은 어둠이 내리고 이야기들은 점점 무서워지다가 마지막 사람이 이야기를 마치고 등을 끄면 그 순간 청등귀라는 요괴가 등장한다는 설정입니다. 두려움을 극한까지 몰고 가는 놀이인 셈입니다.

누구에게나 언제 닥칠지 모르는 자연재해로 인한 폭력적 죽음의 공포에 지배당하지 않고 남들의 기이하고 무서운 이야기로 잠시 눈을 돌리거나 함께 간접 경험을 하면서 그 공포를 가지고 노는 놀이 문화가 필요했던 것이지요. 그 두려움과 불안을 완화시켜 보려는 노력이 '햐쿠모노가타리'의 기능이었습니다.

포켓몬스터는 괴물이지만 아이들이 포켓볼 안에 잡아넣을 수 있고, 소유할 수 있으며, 필요하면 언제든지 꺼내서 싸움을 시킬 수도 있는 물질성 혹은 육체성을 가진 주머니 괴물입니다. 무섭고 두려운 통제 불가능의 요괴와 괴물을 작고 귀엽게 만들어 자유자재로 컨트롤할 수 있다는 것, 그리고 그 포켓몬을 진화시켜 더 큰 능력을 가진 포켓몬으로 키워낼 수 있다는 점에서 '지배, 소유, 양육'이 포켓몬 신드롬을 지속시키는 원동력이라 생각됩니다. 허깨비처럼 지나가는 화면 속의 그림으로 끝나는 것이 아니라 띠부띠부씰 스티커나 프라모델로 만들어져 실체를 가진 장난감이 된 포켓몬들은 손에 잡을 수 있는 요괴며 괴물들이 되었습니다.

게임 속에서라도 아이들의 수집 대상이 되는 주머니 괴물은 1세대만 하더라도 151개의 캐릭터가 있었습니다. 현재 포켓몬은 8세대에 이르고 있으며 세대를 거듭할수록 더 귀엽고 매력적인 캐릭터들이 새로운 인기몰이를 합니다. 대단한 주머니 괴물들이지요. 그런데 과연 아이들의 상상 놀이에서만 괴물들이 활보할까요? 괴물 놀이문화는 비단 중세 일본이나 어린이들의 세계를 넘어 영화로 드라마로 지금도 끝없이 확장되고 있습니다. 신종 괴물들이 압도하는 영화와 드라마는 죽음에 대한 공포와 불안뿐 아니라 현재 삶의 고통과 부조리한 삶에 대한 또 하나의 승화된 놀이문화가 되고 있는 것이 아닐까요?

요괴 이미지의 생성원리

포켓몬스터와 같은 요괴나 몬스터 캐릭터들을 만들어내는 두 개의 원리는 하이브리드(hybrid) 방식과 뮤턴트(mutant) 방식입니다.

곧 혼종과 기형이라고 할 수 있습니다. 오래전 『산해경』의 존재들도 그런 방식으로 만들어졌으며 포켓몬스터 캐릭터들도 그 방식을 따르고 있습니다.

'하이브리드' 방식은 서로 다른 둘 이상의 성질을 합하는 것입니다. 동물과 식물의 결합, 동물과 인간의 결합, 곤충과 기계의 결합 같은 것입니다. 이미 괴물들은 하이브리드 방식으로 수천 년간 명멸해 왔습니다. 맥락 없는 이종 간 결합을 통해 각각의 종의 경계를 교란하는 방식은 동서고금 어디에서나 어렵지 않게 찾을 수 있는 괴물의 이미지입니다. 산 것도 죽은 것도 아닌 좀비 같은 존재들, 여자의 얼굴을 하고 새의 몸통을 한 그리스 신화 속 사악한 여신들, 몸은 사자이고 독수리의 날개를 가진 여자 얼굴의 스핑크스, 커다란 날개가 달려서 인간을 괴롭히는 인면조 하르피아, 사람과 소의 혼종으로 반은 사람, 반은 소인 미노타우로스, 말과의 혼종인 켄타우로스들, 보름달이 뜨는 밤에 늑대로 변하는 늑대인간, 낮에는 관속에 들어가 죽었다가 밤이면 살아서 돌아다니는 흡혈귀 드라큘라, 인간의 시체 여러 구를 조각조각 이어 붙여 생명을 부여한 프랑켄슈타인 같은 존재들이 괴물입니다. 심지어 현대 콘텐츠로 올수록 단순히 몸이 변하는 것이나 혼종되는 것을 넘어 합체, 변신, 진화하며 몸의 모습을 변화시킵니다. 말하자면 변신, 바뀌는 몸(transforming-body)이라고 하겠습니다. 몸 바꾸기는 신화의 본질입니다.

어린 시절 보았던 독수리 5형제(합체-변신), 몸을 숨기거나 바꾸는 요괴 인간, 로봇 메커닉에 탑승하며 한 몸이 되는 마징가제트나 태권브이, 세일러 문의 여성전사들의 변신 장면들, 이상해씨-이상해풀-

진화하는 포켓몬스터 캐릭터들

이상해꽃으로 진화하는 포켓몬스터와 메탈 가루몬, 엔젤우몬 같은
전투형 사이보그로 7, 8단계 일률 진화하는 디지몬 어드벤처의 캐릭
터들을 떠올려보면 그것들이 왜 어린이들의 신화가 되었는지도 알
수 있습니다. 어린이들의 욕망을 정확하게 눈앞에서 충족시켜줍니
다. 세일러 문처럼 어린 여자아이의 몸이 빙글빙글 돌면서 섹시하게
변신하며 순식간에 성숙한 여체로 자라납니다. 소년의 몸은 로봇과
의 합체를 통해 어른처럼 힘이 세지고 초능력을 장착하며 지구를 지
키고 우주의 질서를 수호합니다. 얼른 어른이 되는 것과 남다른 능력

과 힘을 갖는 것, 그리고 그 힘을 이용해 세상을 구하는 서사이니 어린이들을 위한 영웅 신화로 이보다 더 강력한 것은 있을 수가 없습니다. 더 큰 힘을 발휘하는 그 무엇인들 이런 어린 소년 소녀의 마음을 사로잡을 수 있을까요?

또 하나의 요괴 캐릭터 생성의 원리는 '뮤턴트' 방식입니다. 뮤턴트 방식에도 중첩, 생략 등의 방법이 있습니다. 신화적으로 머리가 여러 개 달린다는 것은 그만큼 지력이 세다는 뜻이고, 다리가 많이 달렸다는 것은 잘 달린다는 의미입니다. 반대로 다리가 하나뿐인 '기'라는 절반의 소 같은 신적 존재도 있고, 눈이 하나, 팔이 하나인 모습이 기형적인 존재들도 있습니다. 일본 요괴 애니메이션에 가끔 등장하는 다리 하나가 달린 채 뛰어다니는 눈 달린 우산이나 몸이 왼편이나 오른편 한쪽만 있는 존재들이 떠오르지 않나요?

머리 하나에 몸통이 열 개나 달린 물고기의 이름은 하라어입니다. 그 이미지를 보고 있으면 '아, 이 물고기는 잡으면 대박이겠네' 싶습니다. 하라어는 늘 배고픈 사람들의 상상력의 소산이었을 듯합니다. 신화는 그렇게 인간들의 염원과 소망이 이미지적 상상력으로 발현되는 풍요를 기원하던 이야기이기도 했던 것 같습니다.

어린이들의 현대적 신화라고 할 수 있는 포켓몬의 기본 서사는 세상에 많은 포켓몬들을 수집하고 포켓몬들과 친구가 되는 길고 긴 여행입니다. 새로운 포켓몬을 만나고 로켓단이라는 이름의 소박한 악당들과 함께 길을 가는 모험을 합니다. 아이들은 그런 과정을 통해 자신의 능력을 키우고 수수께끼를 풀고 우여곡절의 친구를 얻으며 즐거워합니다. 동네마다 있는 체육관에서 룰을 지켜 상대의 포켓몬을 이겨서 획득하는 과정은 아이들이 성장하는 과정과 크게 다르지 않습니다. 잠만보나 야돈 같은 무위도식하는 백수 캐릭터도 언젠가는 훌륭한 포켓몬으로 진화하고 아무런 감정도 없는 것 같던 바윗덩어리가 커다란 뱀 모양의 멋진 롱스톤으로 변해 사람들을 돕기도 합니다. 다채롭고 많은 포켓몬들이 어울려 사는 세상은 어른들의 눈에는 때로 유치해 보일지도 모르지만 평등하고 공평하게 서로를 존중하고 인정하는 모습을 보여줍니다. 물론 이런 교훈 때문에 포켓몬의 인기가 폭발하는 것은 아닙니다. 하지만 인생의 길 위에서 친구를 사귀고 그 친구를 자기 것으로 만들어가면서 목표를 향해 나아가는 이야기는 어린 시절의 향수로 끝나는 것을 아니지요. 선과 악이 서로 대결하고 한쪽을 물리치고 이기는 디지몬의 서사보다 포켓몬의 서사가 훨씬 힘이 있는 것 같습니다. 이런 힘이 잊을만하면 다시 등장하여 화제를 모으는 포켓몬의 인기를 담보하는 것이 아닐까 생각해봅니다. 모든 캐릭터가 전투형 사이보그로 진화하는 디지몬의 캐릭터들보다는 포켓몬의 캐릭터들이 훨씬 평화롭고 건강하며 귀엽습니다.

『산해경』의 원래 저작 의도나 소용은 아직도 베일에 가려져 있지만 그 세계관은 무척이나 현대적입니다. 하이브리드와 뮤턴트의 다양한 이미지들과 우리가 알지 못하지만 어딘가에 살고 있을 것 같은 특별한 동식물과 기이한 사람들과 신비한 존재들이 평등하고 민주적인 모습으로 공존하고 있습니다. 이런 『산해경』의 이미지들이 아이들의 인기를 끄는 현대의 킬러콘텐츠로 통한다는 것은 아주 오래전부터의 신화적 사고와 상상력들이 현대 사회에도 여전히 큰 힘을 발휘하며 잘 통한다는 매우 고무적인 결론에 도달합니다.

14. 한국 괴수 영화 연대기
─ 〈대괴수 용가리〉와 〈우주괴인 왕마귀〉

〈대괴수 용가리〉(1967)

　과학 문명이 눈부시게 발전하고 인간의 영역이 우주 공간으로 확장되는 시대적 상황 속에서 두려움의 대상인 상상적 존재들도 많은 부침과 변화를 함께 겪습니다. 오래전부터 인간에게 두려움을 불러일으켰던 귀신, 요괴, 괴수들은 현대의 영화, 애니메이션, 웹툰, 드라마 같은 문화콘텐츠의 인기 주인공으로 변신 중입니다. 자유분방하고 엽기적인 중국의 지괴소설이나 일본의 기담 혹은 괴담을 향유하는 문화와 비교해볼 때, 유교 문화를 지향하는 오랜 역사를 지닌 한국은 초현실적인 것에 대한 관심이나 엽기적인 자유분방함이 상대적으로 적었다고 말할 수 있습니다. 하지만 현재, 한국적 괴물이라 할 존재들이 전 세계 엔터테인먼트 세계를 '올킬'하고 있다 해도 과언이 아닙니다. 도깨비나 저승사자에서부터 하이틴 좀비와 경성 크리처까지 다양한 한국의 괴물들이 글로벌 킬러 콘텐츠로서 새로운 괴물 서사를 만들어 가고 있습니다. 이 장에서는 전형적인 호러 영화의 유령이나 귀신처럼 물질성이 약한 혼령에 가까운 존재들이 아닌, 부피감과 무게감이 고스란히 느껴지고 육체성이 두드러지는 괴물과 몬스터들을 중심에 놓아봅니다.

용가리 VS. 왕마귀

한국 영화사에서 가장 먼저 거론되는 괴수 영화는 1967년에 나란히 만들어진 김기덕 감독의 〈대괴수 용가리〉와 권혁진 감독의 〈우주괴인 왕마귀〉입니다. 먼저 촬영을 시작한 작품은 극동흥업에서 제작한 〈대괴수 용가리〉였습니다. 이 영화는 당시 일본에서 흥행했던 〈고질라〉의 특수효과와 촬영팀(쓰부라야 프로덕션)이 만들었다며 대대적인 홍보를 했다고 합니다. 극동흥업과 경쟁 관계에 있던 영화제작사 세기상사(대한극장 보유)는 〈대괴수 용가리〉에 자극을 받아 오직 한국 영화인만의 기술력으로 '한국 최초의 SF 괴수 영화'라는 기치 아래 〈우주괴인 왕마귀〉를 만들었습니다. 같은 해 나란히 나온 괴수 영화이지만 작품의 설정은 사뭇 다릅니다. 〈대괴수 용가리〉는 다른 나라의 핵실험으로 인해 지진이 나고 그 지진을 따라 판문점에 용가리가 등장한다는 설정입니다. 반면 〈우주괴인 왕마귀〉는 감마성이라

〈우주괴인 왕마귀〉 신문 광고

는 행성에서 온 외계인들이 지구를 점령하기 위한 전초전으로 왕마귀를 남한에 내려보낸다는 설정입니다. 〈대괴수 용가리〉가 일본의 〈고질라〉와 비슷하다면 〈우주괴인 왕마귀〉는 오히려 외계인의 침공이라는 미국적 주제나 전설적인 괴수 영화 〈킹콩〉과 유사점이 많아 보입니다.

이에 앞서 1962년에 제작되었다는 김명제 감독의 〈송도말년의 불가사리〉라는 괴물 호러 영화가 있었지만, 현재 필름이 전해지지 않고 포스터 한 장만 남은 상황이라 실체를 확인하는 것이 불가능합니다. 〈대괴수 용가리〉도 국내에는 프린트가 남아 있지 않았는데, 미국에 수출된 필름 중 영어 더빙판 하나가 남아 복원이 가능했습니다. 한국영상자료원에도 한국어가 아닌 영어 더빙판으로 보존되어 있습니다. 〈우주괴인 왕마귀〉는 조금 더 좋은 화질의 한글판이 남아 있습니다.✦ 그런데 용가리나 왕마귀는 모두 끔찍하게 무서워서 모골이 송연해지는 괴물들이라기보다는 공룡 인형 같이 우스꽝스럽고 심지어 귀엽기까지 한 용모를 지녀 보고 있자면 입가에 슬며시 웃음이 번집니다. 두 편 모두 어린이 대상으로 제작된 영

✦ 두 작품은 모두 유튜브에서 감상할 수 있습니다만 〈우주괴인 왕마귀〉는 영문 제목(Space Monster Wangmagwi)으로 검색해야 합니다. 〈대괴수 용가리〉는 컬러영화이고, 〈우주괴인 왕마귀〉는 흑백영화입니다.

도심 한복판에 나타난 '대괴수 용가리'

화이기도 했지만 끔찍하고 무서운 것을 그리 좋아하지 않는 한국인들의 기질이 대중문화에도 반영된 것이 아닌가 싶기도 합니다.

〈대괴수 용가리〉는 먼 나라의 원폭 실험으로 태어난 괴수가 판문점 부근 갈라진 땅 틈에서 모습을 드러내면서 시작됩니다. 위기를 타개하는 주인공은 젊은 과학자 일우와 어린 소년 영입니다. 이 소박한 콤비는 서울 도심을 파괴하는 용가리를 추적합니다. 군대도 미사일도 용가리를 무찌르지 못하는데 두 사람은 암모니아를 이용한 과학적인 방법으로 용가리를 물리칩니다. 일본의 원폭 피해에 대한 메타포로 해석되는 고질라의 영향이 확연히 느껴지지만(또한 영화가 제작되던 시기에 중국의 핵실험이 자행되었다고 합니다) 용가리가 다른 곳도 아닌 판문점에서 출몰하고, 사람들은 전쟁처럼 이고 지고 정신없이 피난을 가고, 한강 다리를 때려 부수는 용가리의 모습은 이 영화가 자명하게 반공 영화의 성격을 띠고 있음을 짐작하게 합니다. 영화 속에는 공군 파일럿들이 출동하고 미사일을 발사하는 등 한국의 분단 상황을 연상케 하는 장면들이 반복적으로 등장합니다. 도심의 건물 숲 사이를 괴수가 쳐부수는 장면들은 일본 애니메이션이나 어린이 드라마에서 익히 보던 것들입니다. 일종의 문법처럼 작용하는 괴수 영화의 관습적 장면들은 당시 일본 기술진의 특수 촬영의 영향이기도 합니다. 하지만 대괴수 용가리와 함께 트위스트를 추고, 없애야 하는 괴물임에도 불구하고 용가리를 죽이지 말고 먹을 것이 많은 우주의 다른 별로 멀리 보내달라는 어린 소년의 심성은 한국인들의 해학적이면서도 순한 정서, 혹은 아이들의 동심을 느끼게 합니다.

〈우주괴인 왕마귀〉에도 결정적으로 문제를 해결하는 주인공은 어른들이 아닌 거지 소년입니다. 결혼식을 하려던 공군 조종사의 웨딩드레스 차림의 신부를 왕마귀가 납치하는 장면은 누구나 〈킹콩〉의 오마주임을 느낄 수 있습니다. 감마성의 외계인들이 지구를 침공하기 위해 괴물 왕마귀를 남한으로 내려보냅니다. 인간들의 저항이 얼마나 강한지 알아보기 위해서 지구로 온 왕마귀는 감마성보다 대기의 밀도가 낮아 몸이 500배나 팽창합니다. 왕마귀는 서울을 때려 부수고 사람들은 도망을 갑니다. 신부의 집을 드나들던 거지 소년은 왕마귀를 무찌르겠다며 귓속으로 들어갑니다. 거지 소년은 용감하게 귀와 코 속으로 다니며 왕마귀를 공격하며 괴롭힙니다. 그럼에도 왕마귀의 만행을 멈출 수는 없었습니다. 마침내 공군 조종사는 신부와 소년을 구출하고, 인간들의 저항이 만만치 않다는 판단을 한 감마성

도심에 출현한 우주괴인 왕마귀

외계인들은 왕마귀를 자폭시키고 지구 침공을 포기합니다. 서사적으로 구멍이 많고 코믹한 설정들이 과잉 표현되지만, 한국산 기술로만 만들었다는 〈우주괴인 왕마귀〉는 무척 흥미로운 작품입니다. 1963년 할리우드에서 제작된 특수효과의 거장 레이 해리하우젠의 역작 〈이아손과 아르고호〉에 등장했던 청동 거인 탈로스를 떠올려 보면, 기술적으로는 많이 부족하지만 불과 4년 뒤에 왕마귀나 용가리 같은 괴수가 등장하는 장르 영화들을 만들었다는 것은 주목할 만합니다. 영화 기술사적으로는 용가리보다 왕마귀가 한국 기술진에 의해 만들어졌다는 점에서 의미가 있습니다. 왕마귀도 용가리도 모두 의상 속에 사람이 들어간 괴수 캐릭터들입니다. 컴퓨터그래픽이 없던 시절 〈킹콩〉에서처럼 괴수나 괴물 영화들은 다양한 크기의 미니어처를 제작하여 촬영을 하고 배경을 합성하는 방식으로 제작되었습니다. 용가리가 건물을 때려 부수는 장면의 경우, 일본의 특수촬영물이 선호하는 방식인 '파워레인저'의 복마들이나 최근의 펭수 캐릭터처럼 사람이 인형 탈을 쓰거나 용가리 모형 안으로 들어가 의상처럼 입고 촬영을 한 것입니다. 도심을 재현하는 것은 세트와 미니어처를 이용해 촬영하였습니다.

문제적 '불가사리'

불가사리는 닥치는 대로 쇠를 먹어치우는 전설 속의 괴수입니다. 20여 편의 전승이 전하는 불가사리는 고려가 망해가던 시기에 출현한 괴물이라고 합니다. '송도말년의 불가사리 같다'는 속담은 닥치는 대로 쇠를 먹어치우며 감당할 수 없이 몸집이 커지는 불가사리처럼 무지막지하게 패악을 떠는 사람을 보고 하는 말입니다. 고려 말 공민왕 때 요승 신돈의 악행을 불가사리에 빗대어 쓰인 가장 널리 알려진 소설은 현영선의 1921년 『불가살이전』이었으며 1940년대 작자 미상의 딱지본 소설 『송도말년 불가살리전』이 대중적 인기를 끌었다고 합니다. 실체 확인이 안 되는 1962년 김명제 감독의 〈송도말년의 불가사리〉는 그 소설을 영화화한 것으로 여겨집니다. 영화가 개봉했을 당시, 〈아리랑〉(1926)을 만든 한국 초기 영화감독 '나운규의 비장의 소재를 영화화'했다고 제작사가 대대적인 홍보를 했다고 합니다. 나운규 감독이 마지막까지 영화화하고 싶어 했던 작품이 불가사리였다는 이야기입니다. 쇠붙이들을 모두 집어삼키는 불가사리는 무척 정치적인 메타포를 지닌 괴수였구나 싶기도 합니다. 용가리나 왕마귀 같은 괴물들은 외부에서 유입된 괴물이지만 불가사리는 공동체 내부

〈송도말년의 불가사리〉(1962)

의 모순과 문제에서 동력을 얻어 생겨나고 우연히 출현한 것이 아니라 어떤 의도와 함께 만들어집니다. 죽지 않는 불가사리의 최후도 작품마다 다르게 나타납니다. 이러한 불가사리의 성격은 관련 작품에서도 알 수 있습니다.

대한민국에서 만들어진 것은 아니지만 또 한 편의 문제적인 불가사리 영화가 존재합니다. 1960~70년대 한국의 대표적인 영화배우 최은희와 함께 북으로 납치되었던 신상옥 감독이 북한에서 만든 〈불가사리〉입니다. 두 사람의 납북도 희대의 사건이었지만 북에서 영화를 만들었다는 점도 놀랍기는 마찬가지입니다. 영화광으로 알려진 북한 지도자 김정일의 전폭적인 지원으로 제작되었다는 1985년의 〈불가사리〉는 탐관오리들의 탄압에 맞서는 민중봉기를 그리고 있습니다. 농기구를 만드는 대장장이 탁쇠가 농민들의 농기구를 모두 거둬들여 무기를 제작하라는 관가의 압력을 받지만 이를 거부합니다. 탁쇠는 관가에 끌려가 고문을 당합니다. 탁쇠의 자식들은 굶는 아버지를 위해 주먹밥을 감옥으로 던져 넣지만 죽어가는 탁쇠는 밥덩어리로 작은 인형을 만듭니다. 탁쇠는 감옥에서 죽고 그의 딸 아미는 아버지가 만든 밥인형을 가져옵니다. 바느질을 하다 흘린 피 한 방울이 그 밥인형에 떨어지게 되고 피를 먹은 인형은 살아나 바늘을 삼킵니다. 바늘

최은희·신상옥 감독 부부가 북에서 제작한 〈불가사리〉(1985)

을 먹기 시작한 불가사리는 점점 더 많은 쇠붙이를 먹고 몸집이 커집니다. 불가사리는 관가의 탐관오리들을 물리치지만 점점 더 커지는 몸과 먹어야 하는 쇠붙이가 늘어 난폭한 문제 거리가 됩니다. 결국 아미가 불가사리의 목숨을 거두며 자신을 희생하는 것으로 마무리됩니다. 〈송도말년의 불가사리〉를 리메이크했다고도 하지만 그 내용을 확인하기는 어렵고 북한에서 만든 신상옥 감독의 〈불가사리〉는 한국에서 개봉한 첫 번째 북한 영화입니다. 영화는 아니지만 〈불가사리〉와 관련한 한 편의 그래픽노블이 있습니다. 신감독의 영화 〈불가사리〉를 보고 최은희와 신상옥의 북한 납치 사건과 그들의 삶, 그리고 북한 김정일의 관계, 불가사리 설화를 씨실 날실로 교차시키면서 창작된 그래픽노블 『최은희와 괴물들』이 그것입니다.✦ 이 책에서는 불가사리의 결말을 여주인공의 희생적 죽음이 아니라 자신들이 살기 위해서는 불가사리가 죽어야 한다고 판단하여, 도저히 감당할 수 없는 괴물을 유인하여 죽이는 결말을 택합니다.

1967년 〈대괴수 용가리〉와 〈우주괴인 왕마귀〉의 등장 이후 괴수 영화로 눈에 띄는 영화는 거의 없었습니다. 30여 년이 지난 1999년, 코미디언으로 유명했던 심형래 감독이 〈용가리〉를 만들었습니다. 엄청난 제작비를 소요하는 컴퓨터그래픽을 활용하여 무시무시하고 그럴듯한 자태를 지닌 용가리가 출현했습니다. 용가리의 외양에 모두 놀라워했습니다만 관객들이 익히 보아오던 〈쥬라기 공원〉 속 할리우드의 공룡 크리처들과 별반 다르지 않았고 이야기의 빈약함이 비판받았습니다. 컴퓨터그래픽으로 우리도 저런 정도의 이미지들을 만들어낼 수 있다는 확신은 얻었지만 막대한 제작비를 쏟아부은 무모함이 한동안 화제가 되었던 기억이 있습니다. 이후 이렇다 할 괴수 영화들을 찾아보기 어려운 한국 영화의 풍토에서 괴수 영화의 쾌거는 무엇보다 2006년 봉준호 감독의 〈괴물〉의 등장이었습니다. 평단의 호평과 천만 관객을 동원하며 〈괴물〉은 괴수 영화로서는 처음으로 대중적 환호를 받는 한국 영화사의 놀라운 사건이 되었습니다.

서울 도심 한복판을 흐르는 한강(오래전 용가리가 쓰러졌던 장소는 한강대교 인근으로 그려지는데 괴물이 최후를 맞이한 곳은 원효대교 아래입니다)에서 출몰한 돌연변이 괴물은 미군 부대의 환경오

✦ 파트릭 슈패트(글), 셰리 도밍고(그림), 『최은희와 괴물들』, 추영롱 역, 아모르문디, 2024.

한강에 출현한 괴물(봉준호 감독의 〈괴물〉(2006)의 한 장면)

염이 만들어낸 존재로 설정되어 있습니다. 이 괴물에 맞서 어린 소녀
를 구하려는 한 가족의 이야기가 지난하게 그려집니다. 스필버그 감
독의 〈ET〉를 우울하게 비틀어놓은 것 같은 이야기 구조와 미야자키
하야오 감독의 〈이웃집 토토로〉의 토토로를 호러블하게 이미지화한
느낌도 듭니다. 여중생을 긴 꼬리로 감아쥐고 한강 위 부서진 건물의
잔해 위에 웅크리고 있는 괴물의 스틸 컷은 지금 보아도 인상적입니
다. 어린 소녀와 괴물이라는 봉 감독의 구도는 2017년에 상영된 넷플
릭스 제작 영화 〈옥자〉로 이어집니다. 미자와 함께 산골의 자연 속에
서 평화롭게 지내던 옥자는 다국적 기업의 슈퍼 돼지 프로젝트로 인
해 미국으로 끌려가게 됩니다. 둘도 없는 친구 옥자를 찾으러 가는 어
린 소녀 미자의 모험담이 펼쳐집니다. 옥자는 괴수라고 하긴 어렵지
만 봉 감독은 이 영화를 통해 기계적 축산업과 자본주의의 비인간성

을 옥자와 미자의 모험을 통해 비판하고 있습니다.

2015년에는 신수(神獸)라고 할 만한 호랑이 영화도 있었습니다. 박훈정 감독의 〈대호〉는 한반도의 마지막 신령스러운 큰 호랑이와 전설적인 호랑이 사냥꾼의 이야기로 이목을 집중시켰습니다. 일제 강점기를 배경으로 한국의 마지막 호랑이를 잡으려는 일본군과 대호를 잡으려는 포수들이 눈에 불을 밝히는 가운데 최고의 사냥꾼과 최후의 호랑이가 오랜 시간 운명적으로 만나며 벌어지는 줄거리를 가지고 있습니다. 그러나 마치 동반자살처럼 호랑이와 사냥꾼이 함께 죽는 마지막 장면은 논란을 불러일으키기도 했습니다. 호랑이를 실감나게 재현하며 한국의 컴퓨터 그래픽이 다시 한 단계 업그레이드된 작품이기도 합니다. 2017년의 〈장산범〉도 이 그룹으로 분류할 수 있습니다. 장산범은 호랑이를 닮은 괴물에 관한 호러 영화였습니다. 2018년 개봉한 〈물괴〉도 괴수 사극 영화라고 할 수 있습니다. 중종 25년에 '물괴가 나타났다'는 조선왕조실록에 기록 한 줄이 영화의 아이디어가 되었습니다. 〈물괴〉는 괴수 영화와 사극을 접목시키는 새로운 시도로 기록되었습니다. 〈물괴〉의 개봉 한 달 뒤, 한국에서는 아주 이질적인 장르인 좀비 영화 〈창궐〉(2018)이 개봉하면서 '좀비 사극'이라는 새로운 하위 장르가 시도되었습니다. 사극은 아니었지만 〈창궐〉이 나오기 2년 전인 2016년 최초의 한국 좀비 영화 〈부산행〉은 이미 천만 관객들이 관람했습니다.

한국형 괴물들은 〈대괴수 용가리〉의 티라노사우루스처럼 두 발로 서는 육식 공룡 같은 모습의 용가리에서 긴 꼬리를 지닌 〈괴물〉의 물고기와 양서류의 중간으로 보이는 돌연변이 괴물로, 〈장산범〉이나

〈물괴〉에서처럼 점점 꼬리가 없는 포유류 같은 덩어리 괴물들로 변화하는 양상을 보였습니다. 흥미로운 것은 괴물의 형상이 한 마리의 괴수, 거대한 괴물 같은 단일한 모습에서 시간이 지날수록 수적으로 많아지면서 다양화되고 분화되는 방향으로 가고 있다는 점입니다. CG의 발달은 스펙터클한 이미지를 가능하게 만들었고 다양한 괴물들의 형상은 또 다른 매체인 OTT 드라마들로 다가옵니다. 괴수와 좀비는 사회의 부조리와 미래의 불안, 폭주하고 싶은 분노를 담아 현재 한국 사회의 두려움을 드러내 보여주는 공포의 양대 산맥이라 여겨지며 엄청난 문화콘텐츠로 진화 중입니다.

OTT 드라마 속 괴물들

코로나 팬데믹을 거치면서 영화관들이 개점휴업 상태를 면치 못하는 상황에서 OTT 드라마가 안방을 장악했습니다. 특히 〈오징어 게임〉, 〈킹덤〉, 〈스위트홈〉, 〈지옥〉, 〈경성 크리처〉, 〈기생수: 더 그레이〉 같은 한국 제작 넷플릭스 OTT 드라마들은 놀라울 정도의 글로벌한 인기를 구가하며 큰 영향력을 행사했습니다. 이 드라마들에는 빠른 속도로 전염되는 수많은 좀비들과 욕망으로 괴물이 되어가는 사람들, 돌연변이 괴생명체들, 덩어리 저승사자들 같은 유례없는 이미지의 괴물, 괴수들이 대거 등장해서 눈길을 끌었습니다. 괴물이나 괴수, 몬스터라 부르는 존재들은 귀신이나 유령과는 달리 육체성, 물질성이 두드러집니다. 코로나바이러스가 창궐하는 동안 물질성이 현저한 괴물이 대거 등장한 이유는 사람들의 관심이 영혼보다는 육체에 경도되었기 때문일까요?

일주일에 한 번 텔레비전 드라마를 본방 사수하던 이들도 시즌별로 완결된 드라마를 몇 날 며칠 정주행하는 열혈 드라마 팬이 되는 일이 드물지 않았습니다. 코로나로 인한 휴학이나 재택근무가 일상이 되면서 벌어진 현상이었지요. 코로나가 가져온 일상의 변화가 많은 사람들이 함께 관람하는 영화 보기에서 자신의 노트북이나 모니터를 통해 혼자 드라마들을 보며 시즌별로 소비하도록 만들었던 것입니다. 영화사는 뤼미에르 형제가 만들었던 시네마토그래프를 대중화된 최초의 영사기로 기록하고 있습니다. 당시 발명왕 에디슨도 키네토스코프라는 영화 기계를 발명했습니다. 그런데 대중들은 에디슨의 방식이 아니라 뤼미에르의 방식을 선택했습니다. 뤼미에르의 방식은 여러 사람이 함께 관람을 할 수 있었지만, 에디슨의 방식은 혼자 들여다보는 기계였기 때문입니다.

코로나 팬데믹 시기의 OTT 드라마의 관람방식은 정확히 에디슨 방식으로의 회귀라고 보여집니다. 가족들끼리 컴퓨터로 함께 드라마를 보려고 해도 모니터의 각도에 따라 옆 사람은 제대로 보이지 않는 경우가 많습니다. 그렇게 혼자 보는 것이 자연스러운 관람 방식이 되었습니다. 코로나가 끝났지만 지금도 손바닥만 한 모바일 화면으로 이어폰을 끼고 영화나 드라마를 혼자 보는 사람들을

에디슨이 발명한 키네토스코프

지하철에서 많이 볼 수 있습니다. 코로나 팬데믹으로 콘텐츠 소비의 방식이 크게 변화한 것입니다. 현재 한국은 넷플릭스를 위시한 OTT 서비스를 많이 소비하기도 하지만 인기 콘텐츠들을 만들어내는 강력한 생산 주체가 되었습니다. 전 세계를 압도하는 한국의 OTT 드라마들의 대세는 괴물, 몬스터들이 주도하고 있습니다. 앞에서 언급한 것처럼 한국의 괴수 영화들은 한 마리의 괴수를 물리치는 이야기가 주를 이루었지만 최근 각광받는 괴물 드라마들은 한 마리의 괴물이 아니라 다양하고 많은 수의 괴물들이 떼 지어 다니는 경향을 보입니다.

넷플릭스 드라마 〈스위트홈〉에는 다양한 괴물 크리처가 등장합니다. 덩어리 괴물부터 온갖 종류의 괴물의 몸이 갈라지고 떨어져 나가고 기이하게 일그러지는 장면을 많이 볼 수 있어 엽기 호러 취향의 관객들은 눈이 즐거웠습니다. 이름 붙이자면 '괴물 바디 호러 장르'라고 할 만합니다. 괴물의 몸 자체가 스펙터클이 되었습니다. 또 연상호 감독의 OTT 드라마 〈지옥〉에는 거대한 세 덩어리의 저승사자가 등장합니다. 순식간에 몰려왔다 사라지는 그 둔중한 사신의 출몰은 다양한 반응과 해석을 낳았습니다. 대괴수 용가리에서 괴물로, 괴물에서 분화되는 다양한 괴물 혹은 괴수 이미지들은 새로운 콘텐츠의 갈래들을 예고했습니다. 특히 넷플릭스 드라마 〈지옥〉에서 커다랗고 시커먼 덩어리 괴물 셋이 죽음이 예고된 사람들에게 정한 시간에 들이닥쳐 망자를 지옥으로 잡아가는 장면은 끔찍하면서도 놀라웠습니다. 관객들은 저승사자 같은 존재에게 예정된 사람이 순식간에 압도당하며 재가 되어버리는 끔찍함에 진저리를 쳤지만, 드라마는 죽음의 공포를 시각화하며 인기를 구가했습니다.

'괴물 바디 호러 장르'의 넷플릭스 드라마 〈지옥〉

〈경성 크리처〉는 일제 강점기 경성에서 일본군 부대가 생체 실험으로 괴물을 만들어낸다는 내용으로 2차 세계대전 당시 731부대를 떠올리게 하는 드라마입니다. 업로드 이후 일본에서 많은 논란을 불러일으켰습니다. 이 작품 속의 괴물인 경성 크리처는 수탈당하고 농락당하며 의학실험의 대상이 된 어머니 괴물로 일본군 부대가 주둔한 경성의 병원에서 만들어진 끔찍하고 슬픈 존재입니다.

2024년에는 유명한 일본의 만화 『기생수』를 연상호 감독이 각색해서 한국판 〈기생수: 더 그레이〉라는 넷플릭스 드라마가 발표되기도 했습니다. 일본에서는 만화, 드라마, 영화로 모두 만들어진 대표적인 킬러 콘텐츠인 기생수가 한국에서 제작되어 높은 완성도를 보여주는 작품이 되었습니다. 주인공이 여성으로 바뀌고 기생수 괴물들이 주로 머리로 변신을 합니다. 기생수를 잡으려는 여전사 같은 국정원의 팀장이 새롭게 추가된 인물입니다. 한국의 괴물, 괴수 콘텐츠는 이제 시대와 국적을 뛰어넘어 폭넓게 진화하고 있습니다.

15. 유동하는 좀비 공포

〈부산행〉(2016)

"내가 어찌할 수 없는,

놀라운 속도의 변화와 불투명한 세상,

불확실한 미래, 셀 수 없는 무수한 위험,

우리 자신이 희생될 위험,

스스로 증식하는 유동하는 공포"

― 지그문트 바우만

코로나 팬데믹 시기를 지나며 사람들은 치명적 바이러스의 감염에는 예외가 없다는 사실을 뼈저리게 경험했습니다. 좀비(Zombi) 영화는 누구나 바이러스에 감염될 수 있으며 나도 타인의 살과 피를 맹목적으로 뜯어먹으려 덤비는 끔찍한 좀비가 될지 모른다는 두려움과 공포를 떼 지어 질주하는 좀비들로 시각화합니다. 주인공들은 가족과 친구가 눈앞에서 좀비로 변해가는 광경을 목격합니다. 심지어 자신의 손으로 그들을 죽여야 하는 끔찍한 상황에 처하기도 합니다. 누군가는 사랑하는 사람에게 물려 스스로 좀비가 되기도 합니다.

좀비 호러는 좀비 자체가 두렵다기보다는 '좀비가 되는 것에 대한 공포'가 진정한 두려움의 실체입니다. 내가 어찌할 수 없고, 놀라운 속도로 퍼지며, 알 수 없는 비관적 미래와 무엇보다 나 자신이 희생될 위험을 내포한 이 유동하는 공포는 순식간에 증식하며 화면을 넘쳐 흐릅니다. 관객들은 어느새 '과연 인간이 무엇인가'하는 근원적 질문에 도달합니다. 코로나 시절 한국의 좀비 드라마들이 OTT 플랫폼을 타고 전 세계적인 신드롬을 불러일으킨 것은 좀비적 공포에 누구나 절절히 공감했기 때문입니다. 사실 현대 호러 영화의 신화적 존재가 된 좀비는 그리 오랜 기원을 갖고 있지 않습니다.

좀비 영화의 시작

'살아 움직이는 시체'를 뜻하는 좀비는 어느새 일상적인 용어가 되었지만 흡혈귀, 미이라, 늑대인간, 유령이나 귀신들과 달리 꽤 뒤늦게 등장한 현대적 괴물입니다. 처음 좀비가 영화에 등장했을 때는 살아 있는 시체, 걸어 다니는 시체(dead alive, living dead, walking dead)

와 같은 다른 이름들로 불리웠습니다. 지금은 좀비라면 모르는 이가 없지만 처음부터 그 이름을 가진 것은 아니었습니다. 이미 죽은 시체가 움직인다는 상상, '살아 움직이는 시체'에 관한 전설이나 민담들은 오래전부터 세계 여러 곳에서 존재했습니다. 하지만 좀비처럼 떼를 지어 몰려다니지는 않았지요. 현재 우리가 알고 있는 좀비는 살아있는 사람의 살과 피를 미친 듯이 갈망하고 기괴하게 움직이며 떼로 몰려다니는 좀비 바이러스 감염자들입니다. 좀비들에게 물리면 예외 없이 좀비가 됩니다. 죽음의 평등을 역설적으로 보여준다고 할까요?

전통적인 호러 영화에 나오는 괴물은 킹콩이나 드라큘라 백작, 프랑켄슈타인처럼 집단이 아닌 '단 하나의 특별한 괴물'인 경우가 대부분이었습니다. 하지만 좀비는 집단입니다. 삽시간에 전염되어 금세 증식하고 퍼져나가면서 엽기적인 좀비 스펙터클로 압도합니다. 자기를 잃어버린 채 피와 살을 향한 채워질 수 없는 욕망으로 질주하는 좀비들은 정신과 신체의 연결이 끊어진 존재들입니다. 인간의 형상을 했지만 인간이 아닌, 죽여도 괜찮은, 아니 죽이지 않으면 안 되는, 무한 증식하는 익명의 괴물들이 좀비입니다. 말 그대로 세상을 뒤흔드는 유동하는 좀비 공포가 퍼져나갑니다.

누구나 좀비가 될 수 있다는 공포는 신자유주의의 무한 경쟁 구조 속에서 개별적이고 정신적인 가치들, 자유와 평안을 잃고 인간성을 상실해가는 존재로 살아가는 우리들에게 심정적 동질감을 불러일으킵니다. 누구보다 빨리 뛰고 움직여 타인을 물어뜯어야 살 수 있지만 그런 삶은 허망하고 폭력적으로 다가오는 죽음의 평등을 직시하게 만듭니다. 이 냉정한 좀비 공포는 좀비 자체가 아니라 나도 좀비가 될

〈칼리가리 박사의 밀실〉(1920)의 한 장면

지 모른다는 공포인 게 확실해 보입니다. 호러 영화의 쾌락은 그럼에도 불구하고 화면 속의 환란이 나의 것이 아니라는 안전감에서 발생합니다. 그리고 그 쾌락은 화면 속 좀비 바이러스가 현실의 코로나 팬데믹과 함께 도래함으로써 다른 어떤 호러보다 좀비 호러 영화들이 코로나 시절의 관객들에게 더욱 매력적이고 강력한 힘을 발휘했을 것입니다.

좀비는 어떤 역사를 가지고 현대적 공포 영화의 주인공이 되었을까요? 사실 좀비 영화의 뿌리는 자신이 만든 피조물을 조정하여 악행을 벌이는 사악한 마법사나 미친 과학자들이 등장하는 전통 호러 영화들이라 할 수 있습니다. 제1차 세계대전 이후 패전국 독일에서 들불처럼 일어난 독일 표현주의 영화들에 이런 괴물들이 대거 등장했습니다. 그 괴물들을 만들어내고 조종하여 공동체를 혼란에 빠뜨리는 서사들이 당시에 유독 많았습니다. 여러 이론가들은 전후 독일의 좌절과 불안, 절망이 조종당하는 괴물 이야기를 만들었다고 해석하기도 했고, 히틀러가 등장하면서 전체주의로 치닫는 독일을 예견한 것이라 설명하기도 합니다.

몽유병자를 사주해 연쇄살인을 일으키는 〈칼리가리 박사의 밀실〉(1920), 사람들에게 앙심을 품은 마법사가 거대한 진흙 인형을 만들어 마을을 파괴하는 〈골렘〉(1920), 미친 과학자 로트왕이 마리아라는 이름의 로봇을 만들어 사람들을 선동하고 세계를 혼란에 빠뜨리는 〈메트로폴리스〉(1927)가 이런 호러 영화의 원형이라고 할 수 있습니다. 문학에서는 브램 스토커의 『드라큘라』(1897), 메리 셸리의 『프랑켄슈타인』(1818) 같은 영국의 고딕 소설♦들이 영화보다 먼저 사람들의 내면적 두려움을 호러 소설로 그려내고 있었습니다. 프랑켄슈타인 박사가 만들어낸 괴물은 여러 구의 시체들을 외과 수술적으로 이어 붙여 생명을 불어넣은 존재였고, 흡혈을 하는 드라큘라 백작은 스스로 배교하고 불멸의 악마가 된 괴물입니다.

그러나 이런 전통적인 괴물과 달리 좀비는 개별성이 사라지고 집단이나 무리, 떼가 되어 죽여도 죽여도 끝없이 밀려옵니다. 종종 호러

♦ 고딕 소설은 공포 소설과 로맨스의 요소가 결합된 문학 장르입니다. 18세기 후반에서 19세기 초반까지 특히 성행했으며, 고딕 소설이란 명칭은 중세 건축물이 주는 폐허와 같은 분위기에서 소설적 상상력을 이끌어냈다는 의미에서 붙여졌습니다. 오늘날 고딕 소설이라는 용어는 중세적 배경을 갖고 있지 않더라도 공포스러운 분위기를 자아내어 섬뜩하고 무시무시한 인간의 이상 심리를 다룬 소설의 유형까지 광범위하게 적용됩니다. 위키백과 참조.

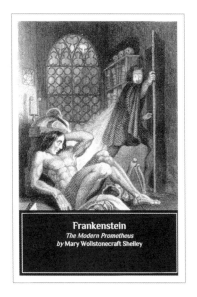

메리 셸리의 『프랑켄슈타인』(1818)

영화의 괴물들에게 관객들이 동정과 연민을 느끼기도 하는 것은 그 개별적 괴물의 속사정을 이해하기 때문입니다. 그렇지만 좀비는 몰 개성의 감정 없는 시체들의 무리여서 좀비를 죽이는 일에는 일말의 양심의 가책이나 잔혹함에 대한 고민마저 사라져버립니다. 너를 죽여야 내가 산다는 절박함은 더 잔인하고 가차 없는 살육을 시전하고 그 비현실적인 신체의 절단, 짓이김, 찢김과 피 튀기고 박살 나고 뭉개지는 살점들은 폭력의 카타르시스를 경험하게 합니다. 끔찍하지만 통쾌한 시각적 쾌감이 좀비 스펙터클의 요체라고 할 것입니다.

한편 동양 문화권에서는 중국의 강시(殭屍)가 그 성격으로 보면 가장 좀비와 가까운 괴물입니다. 부적을 이마에 붙인 채 콩콩 뛰는 시체인 강시는 그들을 부리고 조종하는 주술사의 주술이 있어야 움직입니다. 강시를 움직이는 주술사를 해치우면 더 이상 강시들이 준동하지 않습니다. 그런데 좀비는 그 원인을 누가 제공했든 간에 일단 시작이 되면 멈출 수가 없어집니다. 좀비 바이러스의 집단 감염과 창궐은 온 세상을 초토화시키며 파국으로 치닫습니다. 이름하여 좀비 아포칼립스물이 완성됩니다.

좀비라는 이름이 처음 영화에 등장한 것은 1932년 할리우드에서 만들어진 〈화이트 좀비〉에서였습니다. 아이티로 신혼여행을 온 신부를 섬의 농장주와 부두교 주술사가 가사상태에 빠지는 약을 먹여 남편으로부터 빼앗으려는 사건을 그리고 있습니다. 그 주술사는 살아있는 시체, 즉 좀비들을 자신의 음모에 이용합니다. 이 첫 번째 좀비 영화는 현대적 의미의 좀비와는 거리가 있었지만 당시 흥행에 성공했습니다. 이후 할리우드에서 좀비 영화들이 몇 편 만들어졌으나 그다지 흥행을 하진 못했습니다. 그러다가 1968년 조지 로메로 감독의 〈살아있는 시체들의 밤〉이 개봉하면서 비로소 좀비 영화는 호러 영화의 하위 장르로 확고히 자리매김하게 됩니다. 그러나 이때는 좀비라는 이름 대신 살아있는 시체들을 '구울(Ghoul)'이라고 불렀답니다.

'현대 좀비 영화의 아버지'로 추앙받는 조지 로메로 감독은 이후 1978년 〈시체들의 새벽〉, 1985년 〈시체들의 낮〉을 10년 주기로 발표합니다. 이 작품들을 통해 감독은 좀비들을 그저 살아 돌아다니는 시체들의 발흥이라는 단순 호러적 플롯에서 한 단계 업그레이드시켜 현대 사회의 소외와 불안, 집단적 광기와 인간의 탐욕을 상징하는 존재들로 그려냅니다. 로메로 감독 특유의 좀비 영화들은 현대 사회에 대한 비판과 더불어 정치사회적 해석을 가능케 했습니다.

할리우드의 좀비 영화들은 점점 더 발전해 2002년 〈28일 후〉에서 느리게 걷던 좀비들이 전력으로 달리기 시작했고, 2013년 좀비 청년이 사랑을 통해 다시 인간으로 회복되어 돌아오는 좀비 러브스토리 〈웜 바디스〉가 인기를 끌었습니다. 같은 해 개봉된 〈월드워 Z〉의 좀비들은 엄청난 속도로 폭주하며 서로를 밟고 올라 순식간에 높은 장벽을 넘습니다. 이 놀라운 장면은 좀비 서사에서 담이나 국경이 의미를 상실하는 순간이었습니다. 이로써 영화 속에서 좀비 바이러스의 창궐은 인류의 종말과 세계의 파국을 가져오는 전 지구적 스케일을 장착하며 좀비 아포칼립스물✦로 진화합니다. 할리우드가 그려내는 좀비 영화의 세계는 그렇게 인류 멸망의 재앙 영화로 발전하는 궤적을 보였지만 이때만 해도 좀비 이야기는 우리와는 한참 먼 나라 이야기였습니다. 〈월드워 Z〉의 좀비 바이러스가 시작된 곳이 평택 미군기지로 설정되어 있긴 했지만 말입니다. 그래서였을까요?

천만 관객의 한국형 좀비 영화

2016년 연상호 감독의 좀비 영화 〈부산행〉이 천만 영화에 등극합니다. 호러 영화가, 그것도 좀비 영화가 한국에서 천만 관객을 동원했다는 사실은 정말 놀라운 일이었습니다. 대개 호러 영화는 여름철 납

✦ 좀비 아포칼립스물은 좀비가 대량 발생하여 인류 대부분이 좀비가 되고 소수의 인간만이 생존한다는 묵시론적 세계관을 가진 장르를 말합니다. 흡혈귀와 좀비가 합쳐진 듯한 아포칼립스물의 첫 작품으로 꼽히는 것은 1954년에 리처드 매드슨의 공포소설 『나는 전설이다』이며 1964년 〈지구 최후의 사나이〉, 1971년 〈오메가맨〉, 2007년 〈나는 전설이다〉로 3번에 걸쳐 영화화되었습니다.

량용으로 반짝하는 장르이기도 하고 관객층 자체가 매니아적인 성격을 갖는 것이 일반적입니다. 호러 영화는 보는 사람만 본다는 뜻이지요. 더구나 한국에서 좀비 영화는 무척이나 낯선 장르였기 때문에 〈부산행〉의 천만 관객 동원은 믿기 힘든 현상이라고 입을 모았습니다. 인구 오천만의 나라에서 한 편의 영화에 천만 관객이 들었다는 것은 분명히 어떤 사회적인 함의가 있는 현상임에 틀림없습니다. 이렇게 한국의 좀비 영화는 느닷없이 인기 몰이를 하며 압도적으로 암울하게 우리 눈앞에 펼쳐졌습니다. 주로 사회 비판적인 애니메이션을 만들던 연상호 감독은 장편 실사 영화 데뷔작 〈부산행〉으로 좀비를 잘 모르던 수많은 사람들의 마음을 뒤흔들었던 것입니다.

서울 도심의 새벽, 온통 재가 날리고 곳곳에 화재가 나고 있습니다. 증권회사 중간 책임자 석우는 별거 중인 아내에게 어린 딸 수안을 데려다주기 위해 부산행 KTX를 탑니다. 출발하는 열차에 젊은 여자가 뛰어오르고 삽시간에 좀비들로 아수라장이 된 서울역 플랫폼을 뒤로 한 채 열차가 빠르게 달리기 시작합니다. 이미 좀비 바이러스에 감염된 여자는 승무원을 깨물고 승객들은 영문을 모른 채 순식간에 좀비로 변해갑니다. 좀비에게 물리지 않으려고 승객들이 이리저리 칸을 이동하면서 고속철 안에서 좀비로 변한 사람들과 그렇지 않은 사람들 사이의 생존게임이 시작됩니다. 열차는 대전역에서 멈추지만 이미 열차 밖의 상황은 좀비 바이러스가 다 퍼져 그 누구도 도와줄 수 있는 상황이 아닙니다. 다시 쫓아오는 좀비들을 피해 열차로 돌아온 생존자들을 싣고 열차는 종착역인 부산을 향해 달리기 시작합니다. 임신부 성경과 운동으로 다져진 몸과 힘으로 좀비들을 막는 그녀의 남편 상화, 야구부 고등학생들과 친구들, 석

〈부산행〉의 한 장면

우와 딸 수안이 기차 안에서 살아남기 위해 고군분투합니다. 결국 동대구역에서 열차가 전복되고 대부분의 사람들이 좀비가 되어버립니다. 구사일생 끝에 석우와 수안, 성경이 살아남지만 자신이 감염된 것을 안 석우는 딸을 위해 스스로 기차에서 몸을 던집니다. 구사일생으로 만삭의 성경과 어린 수안만이 살아남아 부산에 도착하고 군인들에 의해 구조됩니다.

간략한 줄거리에서도 알 수 있듯이 〈부산행〉은 장르적으로 좀비 영화라고 할 수 있지만 한국의 가부장적 가족주의 신파를 전략적으로 택하고 있습니다. 만삭의 여자와 어린 딸만이 생존한다는 점도 아주 흥미로운 결말입니다. 남편과 아버지의 희생이 새 생명을 구했다는 것이니 클리셰(cliché)이긴 합니다. 그러나 서양의 좀비 서사들과 한국적 좀비 서사의 근본적인 차이는 개인의 생존보다는 가족이나 마을 공동체가 함께 살아남는 것에 더 무게 중심을 두는 경향에서 나타납니다. 어쩌면 그런 부분이 집단적인 좀비물의 성격상 잘 맞아떨어지는지도 모르겠습니다. 사랑하는 친구가 좀비가 되자 친구에게 물리며 함께 좀비가 된다거나, 딸을 해치지 못하도록 좀비로 변해가는 아버지가 달리는 기차에서 몸을 던져 희생하는 장면을 보면서 어떤 사람이 눈물을 흘리지 않을까요? 이 장면이 천만 관객을 끌어낸 카타르시스의 순간이었으리라 짐작합니다.

가족주의 신파가 날카로운 사회풍자적인 애니메이션을 주로 만들던 감독의 성공 전략이었음은 〈부산행〉의 프리퀄 애니메이션 〈서울역〉(2016)의 서사를 보면 확인할 수 있습니다. 〈부산행〉 첫 장면에 열차로 뛰어오르는 좀비 여자는 옷차림으로 보아 프리퀄 애니메이션 〈서울역〉의 주인공 혜선임이 암시됩니다. 〈부산행〉의 오프닝 장면의 힌트처럼 바이오 산업단지에서 유출된 좀비 바이러스가 어떤 경로로 전파되었는지는 알 수 없습니다. 〈서울역〉에서 최초의 좀비 바이러스가 발흥하여 좀비로 변하는 사람은 노숙자 할아버지입니다. 서울역 근방의 나이든 노숙자들, 매매춘을 하는 가출 소녀와 청년 백수인 남자 친구, 가출 소녀를 찾고 있는 아버지가 등장합니다. 하지만 그 남자는 친아버지가 아니라 소녀 매춘을 하는 포주였고 가출 소녀 혜선은 그의 현금 자판기 같은 존재였습니다.

〈서울역〉은 반전에 반전을 거듭하며 어두운 한국 사회의 밑바닥 인생들을 응시합니다. 그들은 사회에서 배제되고 추방당한 사람들이고, 불결하고 위험한 존재들로 여겨집니다. 육체적으로는 살아있으나 법적으로는 존재하지 않는, 마치 살아있는 유령처럼 있으나 없는

〈부산행〉의 프리퀄 애니메이션인 〈서울역〉(2016)의 한 장면

사람들, 조르주 아감벤이 말하는 호모 사케르들은 좀비들이 되어갑니다. 죽여도 되는, 이성이 없는, 호모 사케르 좀비들은 떼를 지어 달려들고 죽어나갑니다.

〈부산행〉의 프리퀄 애니메이션 〈서울역〉은 〈부산행〉이 보여준 대중적 신파보다는 더 뾰족하게 한국 사회의 불편한 진실, 사회의 부조리를 표현했습니다. 〈서울역〉은 지배 계층의 부당한 착취와 자본주의의 비인간성 등을 상징, 은유하며 대중들의 폭발적인 힘을 폭력적으로 드러내면서 전복적인 좀비 사회학을 직접 표출합니다. 한 사람의 감독이 전복적인 프리퀄 애니메이션과 가족과 신파라는 코드로 천만 관객을 동원하는 좀비 영화를 거의 동시에 발표했다는 사실은 놀랍습니다. 〈서울역〉은 좀비 바이러스가 부산행 열차에 실려 고속철이 달리는 엄청난 속도로 전국에 퍼지는 시작을 그리고 있습니다.

웹툰(2009~2011)을 원작으로 한 청소년 좀비 드라마 〈지금 우리 학교는〉(2022)

〈부산행〉을 재밌게 보셨던 분들은 결이 많이 다른 〈서울역〉을 한 번 보시기를 권합니다. 외면하고 싶은 이야기들이 먹먹한 가슴을 치게 합니다.

　팬데믹을 예고한 듯한 한국의 좀비 영화들은 코로나바이러스가 창궐하던 시기에 OTT 드라마들로 제작되며 매체를 넘나들며 전 세계적 맹위를 떨치며 신화가 되었습니다. 2018년 영화 〈창궐〉은 좀비 사극이라는 특이한 장르의 시작이 된 작품입니다. 좀비라는 괴물이 20세기 현대 영화에 등장했다는 점을 감안하면 조선시대를 배경으로 한 좀비 영화는 신박한 한국 영화의 진화와 변주라 할 수 있습니다. 넷플릭스가 제작한 드라마 〈킹덤〉은 역설적이게도 우아한 좀비 사극 드라마입니다. 영화 〈창궐〉을 정교하게 확장시킨 것 같은 드라마 〈킹덤〉은 가난하고 힘없는 백성들이 좀비가 되어서도 결과적으로 왕조의 지속과 안위를 위해 봉사한다는 점에서 명백한 한계를 보이지만 새로운 한국 좀비 서사의 가능성을 열었습니다.

또 고등학교를 배경으로 벌어지는 청소년 좀비 드라마 〈지금 우리 학교는〉도 폭발적인 반응을 불러일으켰습니다. 한국의 입시 위주의 억압적 교육시스템과 무한 경쟁으로 내몰리는 고등학생들의 고통과 그 처지에 대한 끔찍한 좀비 우화로 읽힙니다.

이처럼 좀비 콘텐츠는 한국에서 이질적인 존재였음에도 당대의 사회적 상황에 맞는 발 빠른 변주를 통해 국제적인 공감대를 획득했습니다. 더구나 한국의 OTT 좀비 드라마들은 코로나 팬데믹으로 인해 바이러스의 위협을 누구나 몸소 겪는 상황에서 더 실감나고 현실감 있는 콘텐츠로 각광을 받았습니다. 피와 살이 튀고 서로를 무자비하게 잡아먹고 죽이며 그 바이러스를 무섭게 퍼트리는 좀비 영화나 드라마는 현대 사회가 가지는 야만성과 비인간성, 폭력과 내재한 모순들을 이미지와 이야기로 적나라하게 드러냅니다. 특히 한국 좀비들의 폭발적으로 추동하는 힘은 다름 아닌 '분노'라는 점은 많은 생각거리를 던집니다. 인간 상상력의 산물인 영화는 그것을 만들고 향유하는 사람들의 마음속 풍경을 반영합니다. 좀비 영화는 좀비 같은 사람들로 넘치는 세상, 어느새 나도 좀비인지 의심스러운 혼돈의 세상을 살아가는 두려움을 그려내고 있습니다.

16. 범의 허리에서 여우의 쇠침을 뽑다

〈파묘〉(2024)

영화를 본 사람이라면 누구나 "여우가 범의 허리를 끊었다."는 대사를 기억할 것만 같은, 천만 오컬트 영화 〈파묘〉(장재현 감독)를 보셨는지요? 일반적으로 호러 영화는 관객의 호불호가 강해 흥행이 쉽지 않고 그중에서도 오컬트 장르라면 더더욱 매니악한 하위 장르인 탓에 천만 관객을 끌었다는 사실은 무척이나 놀라운 현상입니다. 그렇지만 한국에서는 이미 호러 좀비 영화 〈부산행〉이 천만 영화에 등극한 전례가 있어 〈파묘〉의 흥행 성공이 아주 새로운 일은 아닙니다.

천만 관객이 들었다는 것은 〈부산행〉이나 〈태극기 휘날리며〉처럼 〈파묘〉에는 대중의 정서를 강하게 건드리는 그 '무엇'이 있다는 의미입니다. 오컬트 영화는 초자연적인 현상이 벌어지거나, 악령이나 악마 같은 존재들이 등장하여 현실 세계에서 믿기 어렵고 불가해한 파열을 일으키는 내용을 보여줍니다. 비현실적이고 무섭고 두렵고 끔찍하고 이해할 수 없는 영화가 대중성을 획득하기란 사실 쉬운 일이 아닙니다. 하지만 〈파묘〉의 천만 관객 돌파는 오컬트 장르의 영화라도 누구나 비슷한 경험을 했던 상황들과 맞물리거나 공동체의 집단 트라우마를 건드리는 내용을 담고 있다면 얼마나 강력한 힘을 발휘할 수 있는지 그 잠재성과 파급력을 보여준 경우인 듯합니다.

일제강점기를 겪은 한국 사람에게 민족정기를 끊는 쇠말뚝이 사실인지 아닌지와 무관하게 그 쇠말뚝이 강력한 집단 트라우마로 작동하고 있었음을 〈파묘〉의 흥행 성공이 역으로 증명했습니다. 신화는 역사, 종교와 비슷하면서 다르고 공동체의 정체성과 깊이 관련되어 있습니다. 신화는 역사적 사실과 다를 수 있는 상상력의 노래이며, 기층문화로서 면면히 전해져 내려온 공동체의 기원에 관한 이야기이기도 합니다. 따라서 과거에 공동체가 공유한 악몽이나 정체성에 대한 피해 의식 또는 공동체의 신념, 믿음과 관련이 깊을 수밖에 없습니다. 무당이 굿을 해서가 아니라 공동체로서의 한민족의 트라우마를 소환한다는 의미에서, 그리고 그것을 극복하려 한다는 점에서 〈파묘〉는 신화적인 성격이 강한 영화입니다. 장재현 감독의 〈파묘〉가 지닌 힘은 서양 오컬트 영화의 고전이라고 할 수 있는 〈엑소시스트〉나 〈오멘〉, 〈서스페리아〉들과는 다르게 공포가 만들어지는 과정이 꽤나

〈파묘〉의 대살굿 장면

집단적입니다. 이전의 한국 영화에서는 간간히 무속과 관련한 장면들이 오컬트적으로 연출되곤 했지만 〈파묘〉에서처럼 굿 장면이 극영화의 중심 사건으로 다루어지는 경우는 거의 없었습니다.

오컬트 장르의 영화들을 주로 만들어 왔던 장재현 감독의 영화들은 늘 굿 장면들이 다루어져 왔습니다만 〈파묘〉에서 스토리텔링의 중요한 핵심사건으로 자리합니다. 장 감독의 첫 장편 영화는 〈검은 사제들〉(2015)로 가톨릭의 젊은 구마 사제를 주인공으로 악령 들린 소녀를 구하는 이야기였습니다. 이때 실패하는 퇴마의식으로서 무당의 굿이 짧게 등장합니다.

〈사바하〉(2019)에서는 목사가 불교의 사천왕을 숭배한다는 사이비 종교집단의 소녀 연쇄살인 사건을 밝혀내는 과정을 추적합니다.

버려지고 학대받으며 인간으로 키워진 적이 없는 소녀인 '그것'을 처음 무당이 대면하자 혼비백산하며 달아납니다. '그것'이 마치 관세음보살의 현현처럼 묘사되어 숭고미를 느끼게 만드는 장면이 돋보였습니다. 이전의 한국 무속영화들과 달리 무속을 비천하거나 속된 것으로 바라보는 시선이 아니라 진지하게 인간 삶의 한 요소로 다루며 확장하고 있어 인상적이었습니다. 하지만 〈사바하〉에서도 무당과 굿은 주변적 사건이나 인물로만 다루어집니다.

세 번째 장편 영화 〈파묘〉(2024)는 오컬트 영화의 외형을 가지고 있지만 영화 장르적 관습들을 자유자재로 활용하면서 한국인이면 누구나 자유롭지 못한 과거 식민지 기억의 고통을 무속으로 소환해 내며 무르익어가는 감독의 연출력을 과시했습니다. 여우의 쇠침으로 인해 끊겼던 범의 허리를 복원하는 것은 그 쇠침을 시원하게 뽑아 버리는 일일 터이고 많은 사람들이 〈파묘〉에 열광하는 이유일 것입니다. 이 영화는 친일파 한 사람의 파묘 사건으로 송곳처럼 시작하여 삶과 죽음의 이야기를 훌쩍 넘어 식민지 경험이 만들어낸 민족적 트라우마를 극복하는 폭풍 서사로 펼쳐집니다. 만들어진 영화적 사건이지만 역사적 진실을 드러내며 모두에게 강하게 영향을 미치고 있는 일제강점기의 트라우마를 다루기 때문에 함부로 국뽕 영화라 비난하기 어렵습니다. 비슷한 식민지 경험을 가지고 있는 해외에서도 흥행은 놀랄 정도의 성공을 거뒀습니다. 영화는 역사가 아니지만 그 역사의 진실을 기반으로 한 있을 법한 이야기는 힘이 있고 더하여 인류 보편 심성에 호소하는 신화의 힘과 맞닿아 있어 〈파묘〉가 강한 힘을 발휘한다고 진단할 수 있습니다.

상덕과 영근, 화림과 봉길이 회의하는 장면

함께 먹는 행위

어느 영화에나 음식을 먹는 장면들은 무수히 많이 등장하지만 〈파묘〉에서는 음식을 먹는 장면이 유독 많습니다. 무엇인가를 '먹는 일'은 유기체에게는 생명을 유지하는 행위인 동시에, 같이 무엇을 먹는다는 것은 그들의 관계를 짐작하게 만듭니다. 산에서 따온 귀한 자연산 송이버섯을 지관인 상덕과 장의사 영근이 함께 구워 먹는 자리에 무당 화림과 봉길이 합류합니다. '송이 굽는 냄새가 서울까지 진동을 한다'며 너스레를 떨면서 함께 일을 하나 도모하기로 의기투합합니다. 나누어 먹는 것은 송이만이 아닙니다. 흥미롭게도 버섯은 양지바른 곳이 아니라 음기가 강하고 습한 곳에 피어납니다. 그 버섯을 함께 구워 먹는 행위는 이들이 한 배를 탔다는 신호이기도 할 것이고 앞으

232

로 험한 사건을 함께 해결할 구성원이라는 것을 암시하기도 합니다. 밥을 나누어 먹고, 함께 먹는 것은 말 그대로 식구인 것이지요.

반면, 미국에 사는 친일파의 늙은 며느리는 혼자 탱고를 추며 와인을 마십니다. 할아버지 귀신이 빙의된 손자는 냉장고의 물을 몇 병이나 벌컥벌컥 들이킵니다. 그 가족은 함께 밥을 먹지 않습니다. 다이묘 오니도 혼자서 은어를 먹습니다. 그들 또한 똑같이 무엇인가를 먹고 마시지만 그들의 행위는 탐욕과 부정한 정념, 퇴행을 의미하는 구순기적 욕망으로 드러나면서 상덕, 영근, 화림, 봉길이 보여주는 '함께 밥 먹기'와는 차이를 보입니다.

눈여겨볼 것은 친일파 할아버지 귀신은 자기 핏줄을 데려가겠다고 오는데 이 부분은 무척 일본적인 설정이라는 점입니다. 친일파 매국노였다는 점을 부각시키려고 그랬을 것 같습니다. 한국의 조상귀신들은 결코 자기 자손에게 쌀 한 톨이라도 도움을 주려하지 결코 해코지하지 않습니다. 일본의 원령들은 억울하게 죽어 강한 원한을 품고 있어 자신의 억울함을 호소하고 푸는 것이 아니라 상대가 누구든 살아있는 존재에게 복수하기를 원합니다. 한국 귀신들은 억울함을 풀면 돌아가지만 일본 귀신은 자기 자식들까지 잡아가려고 합니다. 소통보다는 대상을 가리지 않고 복수하기만을 원하는 것이지요. 일본 귀신은 주변을 다 죽인다고 화림의 무당 친구 광심이 말립니다. 그래서 무섭고 험한 것이라고 표현합니다. 도무지 말이 안 통하니까요.

화림과 함께 무당 오광심과 박자혜가 오니에게 사로잡혀있는 봉길을 구하려고 도깨비 놀이를 하는 장면에서도 음식을 차려놓고 윤서방도 같이 먹자며 다이묘 오니를 꼬여냅니다. 소환은 실패하지만 이 대목에서도 함께 먹는 사람들의 힘이 느껴집니다. 함께 밥을 나누는 사람들의 소통과 연대가 힘을 발휘하며 오니에 대한 중요한 정보를 얻어냅니다. 그들은 상대가 혼자서는 대적할 수 없는 강한 원령이라는 것을 알아냈고 힘을 모아 봉길을 지켜냅니다. 장의사 영근도 파묘한 관을 지키다가 잠시 혼자 밥을 먹으러 간 사이 화장장 친구의 욕심으로 관 뚜껑이 열리고(이 사람도 이익을 혼자 먹으려고 했지요) 악령이 나오는 설정이나, 보국사에서 하루 묵어가게 되었을 때 스님이 국수를 말아 함께 나누어 먹는 장면도 같은 맥락으로 설명할 수 있습니다. 영화의 말미, 오니를 물리치고 부상으로 인해 밥을 먹지 못하는 상덕의 병실에서조차 그들은 함께 피자를 먹고 햄버거를 먹고 빵과 우유를 먹습니다. 제대로 식사하지 못하는 환자를 앞에 두고서도 그들은 연신 함께 밥을 먹습니다. 여기가 맛집이냐는 상덕의 원망 섞인 우스개와 함께 밥을 먹는 그들은 이미 남이 아닙니다. 이들의 관계는 영화의 엔딩 장면에서 결혼식 가족사진을 함께 찍는 것으로 확인됩니다.

그러고 보니 지관 상덕과 장의사 영근이 등장하는 첫 장면에서 묘의 주인인 할머니 틀니에 관한 에피소드가 나옵니다. 이 장면이 무심히 지나가는 것 같지만 강력한 복선이었음을 복기할 수 있습니다. 시신을 수습하던 상덕이 유족들에게 누가 할머니 물건을 가지고 있냐고 하지요. 서로를 쳐다보던 유족들 중 어린 손자가 울먹이기 시작합니다. 지관 상덕이 할머니 배고프시다, 틀니 돌려드리자고 하니 아이가 눈물을 흘리며 그럼 나는 어떻게 하느냐, 할머니 물건 다 없애면 아무도 기억 못하는데…라며 흐느낍니다. 이 첫 번째 파묘 장면은 우는 아이가 아마 감독의 페르소나가 아니었을까 생각해봅니다. 이 영화가 실제 틀니, 실제의 쇠침이 아니라 '기억'에 관한 이야기이면서 어떤 '의지'에 대한 영화인 동시에 그 틀니를 돌려주고 혹은 쇠침을 뽑아내는 일종의 '정리'의 서사임을 암시하고 있습니다.

여우 음양사

〈파묘〉에 등장하는 여우 음양사는 웅비하는 범의 허리로 여겨지는 한반도 백두대간에 쇠말뚝을 박아 조선의 정기를 끊었다는 의문의 인물입니다. 여우 음양사의 이름은 기순애(일본어로 여우는 기쓰네)라는 승려라고 설정되어 있습니다. 일본에서 음양사라는 직업은 그 역사가 무척 오래되었습니다. 대개 음양사는 요괴나 귀물을 퇴마하는 일을 하는 사람으로 알려져 있습니다만 일본의 헤이안 시대부터 음양오행의 원리에 입각한 음양도로 풍수지리와 천문을 통해 인간의 길흉화복을 살피고 국가의 정책 결정에도 많은 영향을 미쳤던 음양료라는 관청 소속 관리였습니다. 주술과 제사를 통해 나라와 사람들의 안녕을 살피는 국가 소속의 '관인 음양사' 이외에도 민간에서는 '법사 음양사'라는 부적을 쓰고 주술을 행하던 음양사들이 있었다고 합니다. 음양사들은 일제 강점기에도 일본 정부에 의해 활용되며 정치적으로 암약했다고 알려져 있습니다.

일본 영화 〈음양사〉는 2001년에, 〈음양사 2〉는 2003년에 타키타 요지로 감독에 의해 두 차례 영화화되었습니다. 이 영화들의 원작은 1988년 유메마쿠라 바쿠의 소설 『음양사』였습니다. 일본에서 이 소설은 인기를 끌며 베스트셀러가 되었고, 1993년에는 만화가 오카노

〈음양사 2〉(2003)

레이코에 의해 하쿠센샤에서 만화 『음양사』의 연재가 시작됩니다. 아톰을 그린 일본 만화의 아버지라 불리는 데즈카 오사무의 며느리로도 유명한 오카노 레이코는 『음양사』를 우아한 품격의 만화로 재탄생시킵니다.

영화 〈음양사〉의 주인공은 인간과 여우의 혼혈이라는 소문이 파다하던 실존 인물 아베노 세이메이입니다. 관인 음양사로 역대 가장 유명했던 인물로 요괴와 정령들을 자신의 수하로 부렸다고 전해집니다. 영화 〈음양사〉는 음양사 아베노 세이메이와 황궁의 수호 무사인 황족 히로마사가 헤이안경(지금의 교토)에서 벌어지는 여러 기괴한 사건들을 해결하는 내용을 담고 있습니다. 헤이안 시대는 일본의 8세기 말에서 12세기 말까지를 일컫는 시기로 간무천황이 헤이안으로 도읍을 옮긴 후부터 약 4백 년간의 시기를 말합니다. 동생 사와라 친왕이 유배 중 아사하자 그 원한이 어머니, 부인, 세자를 죽게 만들었다고 여긴 간무천황은 천도를 행하면서 동생의 원혼을 위로하고자 수도의 이름을 헤이안(평안)으로 지었다고 합니다. 원한에 사무친 죽은 자의 영이 산 사람들을 해코지한다는 일본 특유의 원령 사상은 한 나라의 수도 이름을 정하는 결정적인 이유가 될 정도였으니 원령에 대한 일본인들의 엄청난 두려움은 상상을 초월합니다.

간무천황은 음양도에 바탕을 두고 중국 당나라의 수도 장안을 본 떠 헤이안을 설계하였습니다. 그 후 1868년 메이지 유신이 나던 해까지 헤이안(교토)은 일본의 수도였습니다. 당시 헤이안은 바둑판 모양의 계획도시였는데 당시 헤이안 사람들은 동서남북으로 난 길들의 교차점인 사거리마다 요괴가 나온다는 믿음이 팽배했다고 합니다. 음양사의 원작자 바쿠는 소설의 맨 앞장에 헤이안 시대를 '사람도, 귀신도, 정령도 같은 도성의 그늘 속에서, 때로는 같은 지붕 아래 숨을 죽이며 함께 살았던 어둠의 시대'라고 적고 있습니다. 이처럼 헤이안 시대는 일본의 심야괴담회라 할 '햐쿠모노가타리' 같은 놀이 문화가 성행하고 괴담이나 기담이 넘쳐나고 백귀야행도 같은 괴이쩍은 그림들이 인기를 끌기 시작했던 시절이기도 합니다.

〈음양사〉의 아베노 세이메이 역을 맡은 노무라 만사이는 일본의 전통 연희 노가쿠 중에 만담을 하는 교겐의 배우로 일본의 인간문화재입니다. 그래서 그의 연기는 표정과 손끝 발끝의 움직임이 남달리 우아하다는 느낌이 듭니다. 여우와 인간의 혼혈로 많은 요괴들을 자유자재로 거느리고 부렸다는 신비한 인물의 특이한 모습을 훌륭하게 연기했습니다. 영화는 세이메이와 친구 히로마사가 천황을 짝사랑하다가 비관 자살해 오니가 되어버린 스케 공주가 일으키는 분란을 해결하고, 150년 전 인어 고기를 먹고 불로불사의 존재가 됐던 사와라 친왕의 연인 아오네를 통해 천하를 도모하려는 사악한 음양사 도손의 음모를 막아낸다는 줄거리를 가지고 있습니다.

여우와 혼혈이었다는 음양사 아베노 세이메이라는 인물에서 〈파묘〉의 여우 음양사가 연상됩니다. 신화적으로 여우는 동서고금을 막론하고 술책, 교활함, 위선, 나쁜 꾀, 음험함을 나타냅니다. 중국에서는 장수의 뜻을 가진 짐승이기도 하지만 요괴가 변신한 것, 망령 등을 의미합니다. 일본에서는 장수의 의미와 함께 선이나 악을 위해 발휘되는 마법적인 힘을 의미하기도 하며 동시에 쌀의 신 이나리의 사자이며 심부름꾼이기도 한 짐승이 여우입니다. 세 마리의 여우는 재해를 의미한다고도 하지요. 교활하고 잔꾀가 많고 둔갑을 한다고 알려진 여우에 대한 통념에 일본의 이나리 신이 거느리고 다니는 사자라는 의미가 더해져 영화에서는 매우 일본적인 느낌들을 구축해내고 있습니다. 일본의 이나리 신은 쌀의 신인데 여우를 두 마리 데리고 다니는 노인의 모습으로 형상화됩니다. 일본 전역에서 널리 신앙되는 풍요의 신으로 일본 전국에 이나리 신사가 3만 곳이나 있다고 하지요. 그러므로 〈파묘〉에서 불길한 느낌을 주는 여우는 친일파 매국노의 묘 근처를 어슬렁대거나 다이묘 오니의 수호 짐승으로 보입니다. 한편으로 범의 허리를 끊는 쇠말뚝을 박는 기쓰네(기순애, 여우)라는 여우 음양사의 이름은 '안 되는 일에 기를 쓴다' 혹은 '안간힘을 쓴다'는 의미로도 읽혀 감독의 의도가 담긴 것이 아닐까 추측해봅니다.

독립운동가의 이름

영화가 흥행에 성공해 가는 와중에 등장인물들의 이름이 다름 아닌 독립운동가들의 이름이라는 점이 세간의 화제가 되었습니다. 이 영화가 어떤 영화가 되기를 원했는지에 관한 감독의 의중은 영화 중반을 지나면 곳곳에서 드러납니다. 대개 성까지 사용하지 않아 금방 알 수는 없지만, 친일파의 묘를 파내고 한국인들의 집단 트라우마의 상징 같은 일제의 쇠말뚝 다이묘 오니를 뽑아내려 분투하는 주요 인물들의 이름은 의심할 바 없이 독립운동가들의 이름입니다. 암시나 유사함이 아니라 직접적으로 동일한 이름을 사용함으로써 나라를 위해 목숨을 바친 독립운동가들의 이름으로 쇠말뚝을 뽑아내고자 하는 강한 의지가 읽힙니다. 〈파묘〉는 상상적으로라도 식민지 경험의 완전한 청산과 국가적 트라우마를 극복하고자 친일매국을 파묘하는 영화임을 분명히 밝히고 있습니다. 그리고 그 방법은 함께 밥을 먹듯이 연대하고 힘을 합쳐 해결해야 한다고 말하고 있습니다.

〈파묘〉의 등장인물과 독립운동가

등장인물	독립운동가	독립운동의 내용
지관 상덕	김상덕	대한민국 임시정부 문화부장으로 해방을 맞아 초대 반민특위 위원장으로 활동했으며 제헌국회 의원으로 활약했으나 납북되어 사망. 1990년 대한민국 건국훈장 독립장 추서.
장의사 영근	고영근	민비 시해 사건의 핵심 인물 우범선을 살해한 개화파 지식인.
무당 화림	이화림	3.1운동에 참여하고 한인애국단에서 김구의 비서 일을 비롯, 핵심적인 활동을 했던 여성 독립운동가. 윤봉길과 상해 거사 전날 부부로 위장, 홍커우 공원을 답사하기도 했고 미완의 이봉창 의사의 거사를 돕기도 했다. 조선의용대 여자복무단 부대장. 공산주의자임을 굽히지 않아 김구와 결별했으며 이후 의열단, 조선의용대 등에서 활동하며 항일투쟁의 최전선에서 활동했으나 북한군으로 한국전에 참전한 이유로 항일투쟁의 역사에서 지워진 인물.

무당 봉길	윤봉길	상하이 훙커우 공원 폭탄 투척. 향년 24세로 일본에 의해 처형당함. 1962년 대한민국 건국훈장 대한민국장 추서.
무당 광심	오광심	조선혁명당에 참여. 광복군 선전 활동을 담당하며 여성들의 광복군 참여를 독려. 애국부인회 조직. 독립운동 관련 2백 쪽에 달하는 기밀문서를 통으로 외워 전달했다는 일화. 1977년 건국훈장 국민장 추서.
무당 자혜	박자혜	길림성에서 독립운동 참여. 단재 신채호의 부인. 간호사·의사로 활동하며 독립운동을 돕다 광복되기 10개월 전 사망. 1977년 대통령 표창 추서.
원봉 스님	김원봉	의열단 단장. 일제강점기 좌익계열 민족주의 무장 투쟁을 했던 독립운동가. 1948년 월북, 조선인민민주주의공화국 초대 내각으로 국가검열상, 노동상을 지냈으나 1968년 정치범 수용소에서 사망한 것으로 추정됨.